L'Histoire complète de Notre-Dame de Lourdes et de la petite Bernadette

suivie de pièces justificatives notes et récits de miracles

PARIS

A. TEILLON, Éditeur

83, Rue des Sts-Pères

LOURDES

Magasin J. JENDRIEU

97, Rue de la Grotte

1924

M.-Z. REUMONT DE POLIGNY

L'Histoire complète de Notre-Dame de Lourdes et de la petite Bernadette

suivie de pièces justificatives notes et récits de miracles

PARIS
A. TEILLON, Éditeur
83, Rue des Sts-Pères

LOURDES
Magasin J. JENDRIEU
97, Rue de la Grotte

1924

L'Histoire complète de Notre-Dame de Lourdes et de la petite Bernadette

Dédiée aux Enfants de la France

AVERTISSEMENT DE L'AUTEUR

Ce livre est adressé à tous ; aux pauvres, aux riches ; à tous les âges, à toutes les conditions ; aux croyants et aux incroyants ; aux catholiques et à ceux qui appartiennent à d'autres religions.

Il est dédié aux enfants parce qu'il faut que les enfants connaissent, dès la prime jeunesse, l'histoire dont l'héroïne fut une enfant comme eux. Il est écrit avec la plus grande simplicité afin d'être à leur portée. Mais qu'en importent la forme et les imperfections du style ? L'intérêt et le charme sans pareils de la divine et merveilleuse histoire résident en elle-même ; ses enseignements sont pour tout le monde et regardent la vie entière, depuis l'enfance jusqu'au tombeau, jusqu'aux portes du Ciel.

Saint Augustin, alors incrédule, entendit une voix qui lui disait : « Prends et lis... » et il crut.

Quiconque sincère et de bonne foi, lira l'histoire scrupuleusement exacte de Notre-Dame de Lourdes, je le défie de ne pas dire aussi : « **Je crois !** »

AVANT-PROPOS

Un titre exceptionnel de gloire et de fierté pour les enfants français, c'est que, dans les marques les plus merveilleuses de leur prédilection que Dieu et la Sainte Vierge ont données à notre cher pays ; ce sont de ces enfants comme eux, de ces « Enfants de la France » qui ont été choisis pour y collaborer.

Les plus remarquables sont trois petites filles, trois petites bergères : sainte Geneviève, prédestinée depuis l'enfance, qui sauva plus tard Paris des fureurs d'Attila ; qui ravitailla avec des bateaux la ville assiégée.

Jeanne d'Arc, la grande guerrière, la sainte et

la patronne de la Patrie, avec qui les anges et les saints du Paradis s'entretenaient lorsqu'elle n'avait encore que treize ans.

Bernadette Soubirous, pauvre fillette des Pyrénées, à qui la Sainte Vierge apparut à Lourdes, et qu'elle prit comme confidente et collaboratrice de ses projets de tendresse miséricordieuse et de salut, manifestés depuis lors par les innombrables miracles et grâces accordés à ceux qui la prient.

C'est cette histoire unique et merveilleuse de Bernadette que nous allons raconter pour les jeunes lecteurs qui ne la connaissent pas encore, ou ceux, petits et grands, qui ne la connaissent pas bien.

CHAPITRE Ier

Donc, il y avait une fois, dans une ville peu connue alors et appelée Lourdes, ainsi que nous l'indiquions ci-dessus. une humble petite fille, Marie-Bernarde Soubirous, dont le nom était, selon la coutume du pays, transformé en celui de Bernadette.

Elle était pauvre, comme Jésus qui a voulu naître pauvre pour nous. Ses parents travaillaient pour gagner leur vie, comme la Sainte Vierge et Saint Joseph. Ils avaient quatre enfants en comptant Bernadette qui était l'aînée. Le père avait d'abord été meunier, mais n'ayant pas réussi, il allait en journées, soit pour bêcher la terre, ou couper du bois, ou aider à la récolte. Sa femme aussi travaillait aux champs, mais ils ne gagnaient guère. Car dans ce temps-là (il y a de cela 65 ans), Lourdes, qui est maintenant connue du monde entier, était perdue dans ses montagnes, sans chemin de fer, sans communications avec le monde. Chacun cultivait son bout de terre, faisait lui-même son travail, et ne payait pas beaucoup celui d'autrui.

Puis, le climat est rude, par là, et quand la neige couvre la terre, les travaux du dehors sont interrompus. Il y avait de ces jours-là, hélas ! où l'on ne mangeait pas au logis des Soubirous.

Les pauvres gens avaient habité plusieurs maisons différentes à Lourdes, mais comme ils n'en pouvaient pas payer le loyer, ils avaient fini par venir demeurer dans une affreuse petite masure appartenant à quelqu'un de leur famille, qui ne pouvait, du reste, trouver personne autre comme locataires, tant c'était peu séduisant : sombre, froid, humide, lugubre. Les murs étaient décrépits ; les dalles qui recouvraient le sol, brisées et disjointes. Le mobilier était à l'avenant, la table branlante et les chaises boîteuses. Cette maison était située dans un ancien fossé, Lourdes étant autrefois une place fortifiée.

Enfin, cette triste demeure avait longtemps servi de prison, et on lui avait conservé son nom sinistre de *Cachot*.

Toute la vie des Soubirous était pauvre comme leur logis. Ils ne mangeaient jamais que du maïs, nourriture la plus commune dans le pays ; mais comme Bernadette était chétive et maladive, ils achetaient pour elle du pain de froment, s'imaginant que cela lui était meilleur. On lui donnait aussi un peu de vin avec un morceau de sucre.

Mais en admettant que cela eût suffi pour lui faire du bien, elle n'en profitait guère ; car ses frères et sœurs plus jeunes qu'elle, ne comprenaient pas pourquoi elle était traitée un peu autrement qu'eux, et quand la mère n'était pas là, ils exigeaient qu'elle partageât avec eux son pauvre petit repas, dont il ne devait pas ainsi lui rester grand'chose !

Quelquefois, elle refusait de le leur donner, réfléchissant que ce serait désobéir à ses parents qui se privaient pour elle, non par une faveur injuste, mais dans l'intérêt de sa santé. Alors les méchants petits enfants se réunissaient pour la battre et le lui prendre de force.

Bernadette ne s'en plaignit jamais, pour ne pas les faire punir, et ils s'en sont bien repentis depuis.

Les parents étaient de très honnêtes gens et de bons chrétiens. Soir et matin, ils faisaient la prière ensemble et avec leurs enfants. Ils remplissaient leurs devoirs religieux, et acceptaient leur misère avec l'humilité et la simplicité que donne la confiance en Dieu, qui aime par-dessus tout les pauvres et ceux qui souffrent sur la terre ; et qui a promis de les en dédommager magnifiquement dans le Ciel.

Bernadette n'était pas seulement délicate et toute petite pour son âge ; elle était atteinte d'un asthme, maladie douloureuse qui occasionne des suffocations, de la toux, une gêne de presque tous les instants ! Mais elle aussi prenait son mal en patience, et elle était toujours gaie, complaisante, travailleuse, comme si elle avait été bien portante.

Elle n'avait jamais eu le temps d'aller à l'école et ne savait ni lire ni écrire à l'âge de 14 ans où commence notre histoire. Elle ne savait pas non plus son catéchisme, elle ne connaissait que le chapelet, le *Credo*, le *Pater*, l'*Ave*, le *Gloria* dont il se compose, et n'avait pas encore fait sa Première Communion ; les limites d'âge n'étant pas obligatoires dans ce temps-là comme à présent, à cause des difficultés de l'existence des montagnards et de l'insuffisance des moyens de communication.

Car Bernadettte ne demeurait pas toujours chez ses parents. Etant toute petite, âgée de quelques mois, elle avait été mise en nourrice à Bartrès, un coteau peu éloigné de Lourdes, chez de braves gens nommés Laguës Arravant, et elle y était retournée à plusieurs reprises quand elle fut d'âge à rendre des services.

Ce n'était pas pour ne rien faire que Bernadette retournait à Bartrès !

Elle gardait les moutons au dehors, occupation qui semble charmante quand on parcourt la campagne ou la montagne par un beau jour d'été, en excursion ou en promenade !

Mais qu'on réfléchisse à ce que c'était dur pour la pauvre fillette mal portante, mal vêtue et mal nourrie, de supporter le froid, le chaud, le vent, la pluie glaciale ; seule, la journée entière, exposée à un certain danger, car il y avait encore, dans ce temps-là, des loups et des ours en grand nombre. Mais jamais Bernadette n'aurait songé à se plaindre, ni à se dire fatiguée pour rester le matin au lit, ou tranquille au coin du feu.

Elle était ignorante de toutes choses, on ne lui avait rien appris. Mais Dieu enseigne lui-même ceux qui ont le cœur pur. Il ne le fait pas par des paroles que les oreilles entendent, il le fait sentir dans l'âme, et Bernadette savait ainsi que Dieu veut qu'on travaille; et que le moyen de lui plaire était d'être douce et obéissante et de bien garder et soigner son troupeau, puisque c'était là la situation où Dieu l'avait placée. Elle était donc grandement docile envers sa nourrice, et attentive à ses moutons. Elle les aimait tendrement, les caressait, les faisait jouer, surtout un petit agneau, le moins sage comme étant le plus jeune ! et qui lui jouait des tours.

Comme elle s'amusait à élever avec des pierres des monticules auxquels elle donnait le nom d'autels, l'agneau, lui, n'avait pas de plus grand plaisir que de venir les démolir.

Alors elle l'embrassait en lui donnant de son pain, ce qui était juste le moyen, soit dit entre nous, de lui apprendre à recommencer !

Mais quant à le gronder, jamais l'idée ne lui en serait venue, par exemple. Car il n'y a que les enfants méchants, ou vraiment par trop bêtes, qui s'arrogent le droit de faire ce qu'ils appellent « corriger » un animal. Les taquiner, c'est la même chose : signe de mauvais cœur et de bêtise, et indice de la lâcheté.

Bernadette avait aussi une grande affection

pour son chien, le brave Pigou, qui l'aidait à garder son troupeau, et elle jouait avec lui des heures entières, car Pigou était très joueur et n'en avait jamais assez.

On racontait, du temps que Bernadette était bergère à Bartrès, une chose qui, paraît-il, est très vraie, ayant été attestée par des témoins dignes de foi (1).

Voici ce que c'est :

Un jour Bernadette faisait paître son troupeau, quand survint subitement un orage.

Le père Laguës qui, de sa maison, pouvait la voir sur le coteau où elle se trouvait, lui fit de grands signes pour lui faire comprendre de revenir immédiatement.

Elle rassembla donc à la hâte agneaux et brebis, mais l'orage allait plus vite qu'elle. Pour rentrer au village, il fallait traverser un ruisseau sur une passerelle; ce ruisseau avait déjà débordé : impossible au troupeau de le franchir !

Que fait Bernadette ?

Elle invoque Dieu par le signe de la Croix, et cette courte prière est entendue : les eaux du ruisseau se divisent ; du côté où elles arrivaient, elles s'arrêtent et se dressent droit comme un mur, de l'autre côté elles s'écoulent, laissant le chemin à sec. Bernadette passe avec son trou-

----

(1) Des voisines nommées Domengo, Barrère, Marie Pujo et Marie Adias qui se tenaient à la porte de leurs maisons menacées par l'inondation.

peau, et aussitôt les eaux reprennent leur cours. Telle est l'efficacité de la prière.

Expliquons-nous.

Le Bon Dieu ne fait pas toujours, ni à chaque prière un miracle comme celui-là, mais on peut être sûr tout de même qu'aucune prière n'est inutile; qu'Il les écoute toutes, toujours, et nous exauce tous, toujours.....

Seulement nous ne nous en apercevons pas toujours!

Car parfois, c'est juste le contraire de ce que nous demandons qui nous arrive, de sorte que nous sommes bien étonnés et... quelquefois pas contents! et nous pensons que Dieu ne s'est pas soucié de nous!

Rassurons-nous. Si, après avoir bien prié, ce que nous désirons ne nous est pas accordé, c'est parce que c'est meilleur pour nous qu'il en soit ainsi.

Il me revient en mémoire une histoire, qui n'est pas vraie, celle-là, car c'est un conte de fées! Mais qui peut cependant servir d'exemple pour bien comprendre la vérité ci-dessus

Je ne me souviens plus du titre du conte; mes petits lecteurs s'en souviendront sans doute, eux? car au moins quelques-uns l'auront lu. En voici l'abrégé :

Une fée qui était bergère... non une bergère comme Bernadette; mais une bergère de contes de fées, avec des rubans à sa houlette, des fleurs à son corsage, et ses moutons frisés au petit fer; une fée bergère, disons-nous, avait chez elle sa filleule, une belle jeune fille, laquelle, allant puiser de l'eau à la fontaine, rencontra le frère du Roi qui chassait dans la forêt.

Elle lui plut tellement qu'il lui proposa séance tenante de l'épouser. Elle répondit qu'elle ne demandait pas mieux. Ils allèrent ensemble solliciter le consentement de la fée bergère et marraine, qui l'accorda également sur-le-champ, sachant que le prince était un parfait honnête homme qui rendrait sa femme très heureuse.

Mais il n'en était pas de même du Roi, son frère. C'était un mauvais souverain et un méchant homme, traître et jaloux. Quand il apprit, par les seigneurs qui accompagnaient le prince, que celui-ci s'était fiancé à la plus jolie fille qu'on pût voir, et qu'il devait retourner le lendemain dans la forêt pour en faire sa femme, il résolut de le devancer, de s'y rendre lui-même de grand matin, et de l'amener et de l'épouser dans son palais, avant que l'infortuné prince pût se douter de ce noir dessein.

Quant à la résistance et au chagrin de la pauvrette, il n'y songeait même pas, car dans les contes de fées, il est convenu que les Rois, bons ou mauvais, sont les maîtres absolus.

Or, pendant ce temps, il s'était passé un événement dans la cabane des bergères : la fiancée du prince était malencontreusement tombée dans un buisson d'épines ; elle avait eu la figure horriblement égratignée ; on ne lui voyait plus les yeux tant c'était enflé. Le visage meurtri paraissait informe et de toutes les couleurs : bref, la pauvre fille était affreuse à voir.

Sa désolation était extrême. « Que va dire le prince quand il me retrouvera en cet état ? » gémissait-elle.

— Ma fille, répondait judicieusement la fée, vous pourrez juger ainsi de la réalité de l'amour de votre fiancé. S'il ne vous aime que pour votre joli minois, alors son affection sera vite passée, car la beauté des femmes passe vite ; et s'il ne doit plus vous aimer quand vous ne serez plus jolie, il vaudrait mieux ne pas l'avoir épousé.

Mais la jeune bergère était tout de même bien affligée ; être si séduisante la veille, et si laide aujourd'hui !

Comme il n'y avait pas beaucoup de miroirs dans ce temps-là, elle allait se contempler dans le ruisseau, et le ruisseau lui renvoyait l'image d'un petit monstre.

Sur ces entrefaites, voici que l'on entend le son du cor, les abois des chiens, la galopade des chevaux : C'est la chasse du Roi ! c'est le Roi lui-même !

Il s'arrête à la cabane ; et les courtisans, tout emplumés et chamarrés d'or, font cercle autour de la porte. La vieille bergère apparaît sur le seuil, et adresse une profonde révérence à la noble société.

« Je voudrais voir, lui dit le Roi, une beauté merveilleuse dont on m'a parlé, et qui habite cette sylvestre demeure... »

On va chercher la petite, qui se cachait dans un coin ; sa marraine l'amène de force, en la traînant par le bras : stupéfaction générale !!!

A sa vue le Roi éclate de rire, et, naturellement, toute la suite s'en tient les côtes, à l'instar du souverain.

« Quoi ! dit enfin celui-ci, c'est là ce qui a conquis le cœur de mon frère ? Je ne disconviendrai point qu'il a bon goût. Je donne mon consentement à son mariage, et j'ordonne même qu'il soit célébré dès aujourd'hui. »

Là-dessus, le brillant cortège s'éloigna au milieu des moqueries, et des rires. Le prince arriva ensuite, et sans hésitation, il déclara à sa fiancée qu'il l'aimait pour son bon cœur et ses bonnes qualités, et qu'il ne l'en aimerait que davantage après cet accident qui la défigurait, afin de l'en consoler.

Et c'est ainsi que le dit accident, qui avait semblé le plus terrible des malheurs, fut au contraire un grand bonheur, car, sans cela le méchant Roi aurait épousé la petite bergère, et ils auraient tous été malheureux. Du reste sa figure guérit, et elle redevint jolie.

Comme nous le disions, cette histoire n'est qu'un conte, une fiction, mais c'est pour aider les enfants à comprendre cette réalité qui demeure :

Tout ce qui nous arrive, ne nous arrive que pour notre bien, si nous avons confiance en Dieu.

CHAPITRE II

Bernadette ne mentait jamais ; et cela l'empêchait même parfois de comprendre des choses qu'on disait, non pour mentir, mais pour plaisanter.

Un jour que son père était venu la voir à Bartrès, il la trouva toute triste et préoccupée. Il lui demanda ce qui la chagrinait ainsi, et Bernadette répondit qu'elle était inquiète de ses moutons, parce qu'il y en avait qui avaient le dos tout vert.

Le père répondit en riant : « Cela doit être l'herbe qu'ils mangent qui leur aura remonté dans le dos ; ils vont peut-être en mourir. »

Là-dessus la pauvre Bernadette se mit à fondre en larmes ; mais le papa s'empressa vite de la consoler, en lui expliquant que c'était une plaisanterie, et que cette couleur verte, c'était simplement la marque du marchand qui avait vendu les moutons.

On aimait bien Bernadette à Bartrès; mais cependant la vie n'y était pas toujours douce pour elle.

Le père Laguës n'était pas commode ; il était un peu avare, et, souvent, les voisins donnaient du pain à Bernadette parce qu'elle n'avait pas assez à manger.

Le soir, dans une excellente intention, mais peut-être pas avec toute la patience et la compétence désirables, la mère Laguës donnait une leçon à Bernadette; elle essayait de lui apprendre le catéchisme.

Mais Bernadette ne savait pas lire; elle n'avait pas beaucoup de mémoire, et, malgré son application, ça ne marchait pas trop... de sorte que, parfois, la mère Laguës se fâchait. Elle jetait le livre en s'écriant : « Va, tu ne seras jamais qu'une sotte et une ignorante. »

Bernadette avait du chagrin; et ne savait comment faire, car ce n'était vraiment pas sa faute. Alors, elle se jetait au cou de la sévère nourrice et l'embrassait bien fort, ce qui est la meilleure conclusion à une gronderie.

Précisément Bernadette avait grande envie de l'apprendre, le catéchisme, afin d'être admise à sa première communion. Pour cela, elle fit demander à ses parents de la reprendre, et elle revint chez eux à Lourdes.

Elle commença tout de suite à aller à l'école et au catéchisme, comme les autres enfants. Les moments qu'elle avait de libres, elle les passait à aider sa mère au ménage dans leur pauvre logis, l'affreux *Cachot*. Vie aussi pauvre et plus triste qu'à Bartrès, où elle avait au moins le plein air et la liberté. Vie bien humble, qui la conduisait cependant à la plus merveilleuse et splendide des destinées ; à devenir l'intermédiaire de la Sainte Vierge, sa messagère, sa petite intime amie.

Dix-huit fois la Sainte Vierge lui apparut. Elle lui sourit, lui parla, lui confia des secrets, lui enseigna une prière. Elle fit jaillir sous ses doigts d'enfant la fontaine de santé et de vie qui ne tarira jamais ; la chargea des commissions du Ciel pour la terre, et de transmettre ses ordres aux prêtres, l'associant étroitement à l'œuvre miraculeuse et aux merveilles qui ne cessent depuis de se renouveler à la Grotte bénie où Elle lui apparaissait.

Voici comment cela arriva.

CHAPITRE III

Première Apparition de la Sainte Vierge à Bernadette (11 février 1858).

Nous avons dit combien les Soubirous étaient pauvres. Un jour, peu après le retour de leur fille aînée chez eux, il n'y avait plus de bois dans la maison. C'était le 11 février 1858, le jour du Jeudi Gras.

Mais laissons parler Bernadette qui raconta elle-même cette mémorable journée ainsi qu'il suit :

« Le Jeudi Gras, dit Bernadette, il faisait froid et le temps était sombre. Vers 11 heures, ma mère nous dit qu'il n'y avait plus de bois dans la maison, et elle s'en chagrinait. Ma sœur Toinette et moi, pour lui faire plaisir, nous nous offrîmes à aller ramasser des branches sèches sur le bord de la rivière ; ma mère nous répondit que non, parce que le temps était trop mauvais, et que nous pourrions nous exposer à tomber dans le Gave.

« Jeanne Abadie, notre voisine et notre amie, qui gardait son petit frère à la maison, et qui avait envie de venir avec nous, alla remettre son frère chez elle et revint un moment après, disant qu'elle avait la permission de nous accompagner. » (1)

La mère Soubirous voulait bien laisser aller avec Jeanne sa fille Toinette (qu'on appelait aussi Marie) mais elle refusa encore pour Bernadette : « Tu tousses, disait-elle, tu attraperas mal. »

Enfin, devant les supplications des trois enfants, elle consentit, à la condition que Bernadette prendrait son capulet pour être mieux garantie du froid.

Le capulet est une coiffure des femmes pyrénéennes, pratique et gracieuse comme beaucoup de ces coiffures et costumes régionaux, qu'on a grand tort de délaisser.

Si les jeunes paysannes et ouvrières savaient combien elles sont plus gentilles sous la coiffe ou le « capulet » qu'ont porté avant elles leurs mères et grand'mères, jamais elles ne consentiraient à s'affubler de toilettes de dames qui les enlaidissent et les rendent ridicules, et sous lesquelles on reconnaît toujours la fille du peuple, qu'elles le sachent bien. Ce qui donne simplement à penser qu'elles sont des sottes, rougissant

(1) *Souvenirs d'un témoin*, (J.-B. Estrade).

de leurs parents, et de la condition dans laquelle Dieu les a fait naître.

Bernadette mit donc son capulet par-dessus le mouchoir qu'elle avait déjà sur la tête. Ce capulet était blanc. Elle avait des bas dans ses sabots, à cause de sa santé délicate, tandis que sa sœur et Jeanne étaient nu-pieds dans les leurs. Elle portait une robe noire propre, mais déteinte et rapiécée. Telle était la toilette de celle que la Reine du Ciel allait saluer et choisir pour être son Ambassadrice. Mais n'anticipons pas.

La mère étant donc rassurée, les trois petites amies partirent. Elles prirent d'abord la rue qui conduit au cimetière, à côté duquel on décharge du bois, et où l'on trouve souvent des copeaux abandonnés. Il n'y en avait pas ce jour-là.

Elles descendirent alors la côte qui mène près du Gave, et, arrivées au Pont-Vieux, se demandèrent « s'il fallait aller vers le haut ou le bas de la rivière. »

Les fillettes avaient opté pour le bas de la rivière, et elles arrivèrent au pied d'un amas de roches, qu'on appelait « les Roches Massabielle » ce qui, en patois, veut dire masse de vieux rochers.

Au bas de cette roche, il y avait une petite grotte, dans la paroi extérieure de laquelle se trouvaient des ouvertures, des trous, dont l'un avait la forme d'une de ces niches dans lesquelles on met des statues. Au pied de cette niche croissait un églantier sauvage.

A cette époque, le Gave passait tout près des Roches Massabielle, ainsi qu'un canal qui le rejoignait. Depuis, on a détourné leur cours, en leur creusant un autre lit, mais à ce moment là, le devant de la Grotte était couvert d'eau.

« Les eaux n'étaient pas profondes, explique Bernadette dans son récit plus haut cité, parce que le moulin ne marchait pas ; mais elles étaient froides et, pour ma part, je craignais d'y entrer. Jeanne Abadie et ma sœur, moins peureuses que moi (et qui n'avaient pas de bas) prirent leurs sabots à la main et passèrent le ruisseau. Cependant, lorsqu'elles furent de l'autre côté, ces drôles se mirent à crier au froid en essayant de réchauffer leurs pieds. » (1)

Cela augmenta l'appréhension de Bernadette, qui sentait que, si elle entrait dans l'eau, elle aurait une crise de son asthme. Alors, comme, malgré qu'elle eût maintenant 14 ans, elle était de la taille d'une enfant de onze, elle demanda à Jeanne Abadie, du même âge, mais grande et vigoureuse, de revenir pour la passer sur son dos.

— « Oh ! ma foi non, répondit Jeanne peu gentiment ; tu n'es qu'une mignarde et une

___

(1) L'appellation de drôles n'a rien de malséant dans le patois de Lourdes ; c'est **un** mot familier qu'emploient les jeunes filles pour se désigner entre elles. — J.-B. ESTRADE.

ennuyeuse ; si tu ne veux pas te déchausser pour passer, reste où tu es.

« Ces drôles (nous reprenons le récit de Bernadette) après avoir ramassé quelques morceaux de bois sous la grotte, disparurent le long du Gave. Quand je fus seule, je jetai quelques pierres dans le lit du ruisseau pour y appuyer les pieds, mais cela ne me servit à rien. Je dus alors me décider à me déchausser pour traverser comme l'avaient fait Jeanne et ma sœur.

« J'avais commencé à ôter mon premier bas, quand, tout à coup, j'entendis une grande rumeur, pareille à un vent d'orage. Je regardai à droite et à gauche sur les arbres de la rivière ; rien ne bougeait. Je crus m'être trompée.

« Je continuais à me déchausser lorsqu'une nouvelle rumeur semblable à la première se fit entendre. Oh ! alors j'eus peur et me dressai toute droite ; je n'avais plus de parole et ne savais que penser, quand, tournant la tête du côté de la Grotte, je vis à une des ouvertures du rocher un buisson, un seul, remuer comme s'il avait fait grand vent. Presque en même temps, il sortit de l'intérieur de la Grotte, comme un nuage de lumière. Peu après, une dame jeune et belle, belle comme on ne peut pas l'exprimer, apparut, toute environnée de lumière, à l'entrée de l'ouverture, au-dessus du buisson d'églantier. » (1)

_____

(1) *Souvenirs d'un témoin.*

Cette dame, c'était la Sainte Vierge, la mère
de Jésus! La Reine des Anges, la Reine des
Cieux, mais Bernadette n'en savait rien. Elle ne
le sut que plus tard, à la seizième apparition, le
25 mars, quand la Vierge lui dit, dans le patois
pyrénéen qu'elle parlait avec elle :

Que soy era Immaculado Counceptiou.
Ce qui veut dire en français :
Je suis l'Immaculée Conception.

« Aussitôt, continue Bernadette ; la dame me
regarda et me sourit, et me fit signe d'avancer
comme si elle avait été ma mère.

« La peur m'avait passé, mais il me semblait
que je ne savais plus où j'étais, Je me frottais
les yeux, je les fermais, je les ouvrais; mais la
dame était toujours là, continuant à me sourire.
Sans me rendre compte de ce que je faisais, je
pris mon chapelet dans ma poche et me mis à
genoux. La dame m'approuva d'un signe de tête
et amena elle-même dans ses doigts un chapelet
qu'elle tenait à son bras droit.

« Lorsque je voulus commencer le chapelet et
porter ma main au front pour faire le signe de la
Croix, mon bras demeura comme paralysé; mais
la dame fit le signe de la Croix elle-même, et
alors, je pus le faire aussi. La dame faisait passer
entre ses doigts les grains de son chapelet, mais
elle ne parlait pas.

« Quand le chapelet fut récité, la dame rentra

à l'intérieur de la roche, et le nuage de lumière disparut.

« Dès que la dame eut disparu, Jeanne Abadie et ma sœur revinrent à la Grotte et me trouvèrent à genoux à la même place. Elles se moquèrent de moi et m'appelèrent imbécile et bigote et me demandèrent si oui ou non je voulais venir avec elles. Je n'eus plus, à ce moment-là, aucune peur d'entrer dans le ruisseau, dont l'eau me parut tiède.

« Vous n'aviez pas tant à crier, dis-je à Jeanne et à Marie, en essuyant mes pieds, l'eau n'est pas aussi froide que vous vouliez le faire croire.

— « Tu es fort heureuse, toi, de ne pas la trouver froide ; pour nous, elle nous a produit un tout autre effet. »

Les enfants firent trois fagots des branchages et des tronçons de bois que Jeanne et Marie avaient ramassés et reprirent le chemin de la maison, chacune avec son fardeau. En route, Bernadette demanda à ses compagnes si elles avaient vu quelque chose.

— Mais non répondirent-elles, que veux-tu que nous ayons vu ?

— Oh ! rien, repartit la petite.

Mais les autres voyaient qu'elle était préoccupée ; elles la questionnèrent et elle finit par leur avouer la merveilleuse vision.

Marie et Jeanne en furent effrayées : « C'est peut-être quelque chose pour nous faire du mal, dirent-elles ; n'y retournons plus, Bernadette. »

Elles lui promirent de n'en parler à personne.

« Pendant toute la journée, raconte encore Bernadette, l'image de la dame demeura dans mon esprit.

« Le soir, en faisant la prière de famille, je me troublai, et me mis à pleurer.

— « Qu'as-tu ? me demanda ma mère.

« Marie se hâta de répondre pour moi, et je fus obligée de donner moi-même des explications sur ce qui m'était arrivé. »

La mère Soubirous haussa les épaules :
— « Ce sont des enfantillages, dit-elle, ce n'était rien du tout, tu as cru voir quelque chose et tu n'as rien vu. Ce sont des lubies, des imaginations. »

Bernadette affirma qu'elle ne s'était point trompée, mais sans persuader sa mère « ne retourne plus là, dit-elle, je te le défends. »

La pauvre enfant ne répliqua rien à cette défense, et s'en fut se coucher. Mais son chagrin était grand. Elle ne dormit pas cette nuit-là ; « la figure si bonne et si gracieuse de la dame lui revenait sans cesse à la mémoire » et malgré sa confiance et son respect pour sa mère, elle ne pouvait pas croire s'être illusionnée.

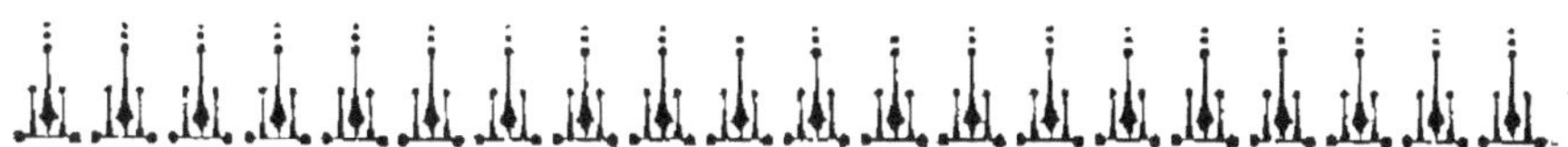

CHAPITRE IV

Bernadette ne songea pas un instant à désobéir à sa mère, mais pendant les deux jours qui suivirent, le vendredi et le samedi, elle ne cessa pas de penser à la Dame, et d'en parler avec sa sœur Marie et d'autres petites filles. Elle éprouvait un désir ardent de la revoir, et l'aimait déjà de tout son cœur.

Comme nous l'avons dit, Bernadette ne savait pas encore que c'était la Sainte Vierge ; elle ne trouvait pas d'autre nom à lui donner que celui de Dame, ce qui n'était du reste pas si mal dit, puisqu'on appelle la Sainte Vierge « Notre-Dame. »

Seulement, quand on lui demandait si elle ressemblait à quelqu'une des Dames célèbres dans le pays pour leur beauté et leur élégance, cela la faisait beaucoup rire ; elle riait et secouait la tête en disant qu'il n'y avait pas de comparaison possible.

La Dame, a-t-elle invariablement dit, est de taille moyenne. Elle est belle comme on ne peut pas l'exprimer, avec un sourire de bonté infinie. Elle est très jeune. Elle a le visage ovale, les yeux bleus. Sa robe est blanche ; une bande bleue la serre à la taille comme une ceinture et retombe par devant presque jusqu'aux pieds. Les manches de la robe sont étroites. Elle a un chapelet blanc brillant, avec une chaîne et une croix d'or ; un grand voile blanc couvre sa tête.

Elle a les pieds nus, et, sur chaque pied, une rose jaune épanouie.

Pourquoi cette rose ? se demande-t-on quelquefois.

La Sainte Vierge nous en donnera l'explication dans le Paradis ; en attendant, il n'est pas défendu d'essayer de le deviner !

La rose est le gracieux symbole du Rosaire, du chapelet, couronne de prières, institué d'après l'ordre de la Sainte Vierge elle-même à Saint Dominique ; et toute l'histoire de Bernadette prouve combien cette prière lui est agréable. Nous le voyons déjà dès la première apparition, et ce sera confirmé dans la suite.

Mais, ces roses ; ne serait-ce pas aussi pour nous donner comme un aperçu des choses du Ciel oùelles avaient été cueillies ?

Il y a une quantité de gens qui ne s'imaginent pas du tout ce que c'est le Ciel, et qui en croient des absurdités.

Ils se le figurent comme un endroit ennuyeux, où l'on passe toute l'éternité assis en rond à chanter des psaumes; et où, en échange de satisfactions célestes qui ne tentent guère, car beaucoup n'en comprennent pas le premier mot, on est privé de tout ce qui faisait la joie pendant la vie mortelle.

Ah! loin de là! Le Ciel, qu'on le sache à jamais, est *le lieu de tous les bonheurs*.

Nous en aurons d'infinis, que nous ne pouvons, en effet, ni deviner, ni comprendre à l'avance. Mais, de plus, tout ce que nous avons aimé ou qui nous a plu sur la terre, nous le retrouverons dans le Ciel, embelli, purifié, et perfectionné. Et je crois que c'est cela que la Sainte Vierge a voulu nous démontrer, en portant à ses pieds ces roses écloses en Paradis.

CHAPITRE V

Ce n'est pas la seule fois que les fleurs du Ciel furent apportées sur la terre.

Autrefois, comme vous le savez, les premiers chrétiens avaient à subir des persécutions intenses. S'ils refusaient de renoncer à leur religion, on les soumettait à la torture, on les déchirait en lambeaux, on les brûlait vifs, on les faisait dévorer par les bêtes féroces.

Sous le règne de Dioclétien, l'un des persécuteurs des chrétiens, une jeune fille de quinze ans, nommée Dorothée, fut ainsi horriblement suppliciée par Fabricius, Gouverneur de Césarée en Cappadoce, qui voulait l'obliger à adorer les faux dieux.

Elle fut fouettée avec des verges; on lui enfonça des crochets de fer dans les épaules. Dorothée résista à tout, et, finalement, fut condamnée à avoir la tête coupée le jour même. Loin de l'effrayer, cela la remplit de joie, et elle remercia son juge et ses bourreaux.

— « Ce soir, disait-elle, je serai avec Dieu ; je cueillerai des fleurs et des fruits dans les jardins du Paradis ! »

Il y avait toujours foule à ces horribles jugements et supplices. Les chrétiens y venaient pour encourager les martyrs par leur présence ; pour être témoins de leur vaillance, pour prier afin qu'ils aient le courage de ne pas céder. Quant aux païens, ils y venaient par méchanceté et curiosité diabolique.

Ce jour-là, un jeune païen de la ville, très riche, nommé Théophile, s'y trouvait avec ses amis. Ils se moquèrent cruellement de Dorothée, et, lorsqu'on l'emmena hors du prétoire pour lui trancher la tête, Théophile se plaça sur son passage et lui demanda en raillant, puisqu'elle allait trouver de si beaux produits dans les jardins du Ciel, de lui en envoyer quelques roses.

« Je vous le promets » lui répondit simplement la petite martyre, qui continua joyeusement sa route vers le lieu de son supplice.

Arrivée à l'endroit désigné, elle s'agenouilla, écarta ses cheveux qui pouvaient gêner le bourreau, lequel, d'un coup de son glaive, lui trancha la tête. Disons tout de suite que, depuis, une église qui porte son nom a été bâtie à Rome, et que son corps y est déposé.

Quant à Théophile, il était retourné chez lui

pour y festoyer avec ses amis. Comme ils étaient occupés à manger, boire, et rire encore férocement de la petite martyre de l'après-midi, un serviteur s'approcha du maître de la maison et lui dit qu'un jeune garçon insistait d'une façon étrange pour lui parler immédiatement, disant qu'il était chargé pour lui d'un message urgent.

Intrigué, Théophile quitta la table. Dans l'entrée se trouvait, en effet, un enfant d'une extraordinaire beauté ; mais ce qui était plus extraordinaire encore, c'est qu'il tenait des roses tellement belles et parfumées, que jamais on n'en avait vu de pareilles, et une branche de fruits magnifiques d'une espèce inconnue.

« Voici, dit-il à Théophile, ce que Dorothée t'envoie du Paradis, ainsi que tu le lui avais demandé. »

En disant cela il disparut, sans qu'on puisse savoir par où il était passé ; laissant fleurs et fruits entre les mains de Théophile abasourdi.

Cet enfant était un ange ! Vous l'aurez deviné, ou bien, lui aussi, un petit martyr que Dorothée avait retrouvé aux Cieux, et qu'elle avait chargé d'aller accomplir sa promesse. Promesse qu'elle tenait largement, fait remarquer Eusèbe dans son histoire ecclésiastique, « car on n'avait demandé que des roses, et elle y avait ajouté des fruits délicieux. »

Théophile retourna dans la salle du festin, et ses convives furent aussi stupéfaits que lui, d'autant plus qu'on était en plein hiver et qu'il n'y avait ni fleurs ni fruits d'aucune sorte. Théophile et plusieurs d'entre eux, devant ce prodige, se firent chrétiens.

Nous aurions dû commencer nos histoires de la flore céleste, par un fait qui concerne la Sainte Vierge elle-même, et qui nous a été transmis par trois Pères de l'Église : Denis l'aéropagiste, Méliton de Sardes, et Jean Damascène.

Ils disent que lorsque la Sainte Vierge fut sur le point de mourir, l'Ange de l'Annonciation, Gabriel, descendit encore une fois vers Elle, et lui dit en s'inclinant : « Je vous salue, bénie entre toutes les femmes! Dans trois jours le Roi des Cieux viendra visiter votre âme pour la détacher de la terre. »

Puis l'Ange disparut, mais il avait laissé pour signe de son message, une palme cueillie dans les Jardins Éternels.

Trois jours après, la prédiction s'accomplit. Le lendemain, quand on porta au sépulcre le corps de la Vierge bénie, Saint Jean marchait en tête du cortège, en tenant à la main la palme laissée par l'Ange de Dieu.

Voici une autre histoire qui s'est passée bien près de nous, puisque la date en est le 27 janvier 1913, il y a à peine dix ans.

Ce joli miracle est dû à la petite sœur Thérèse de l'Enfant-Jésus, dont il nous faut d'abord dire quelques mots.

Dans son enfance, étant gravement malade, Thérèse avait été guérie miraculeusement par la Sainte Vierge, qui, se substituant à une statue, lui était apparue dans sa chambre et lui avait souri...

A l'âge de quatorze ans, Thérèse suppliait qu'on la reçût comme Carmélite le jour de ses quinze ans. Naturellement, on la remettait à plus tard ; on n'accepte pas de Religieuses de cet âge-là, car c'est beaucoup trop jeune pour savoir ce qu'on fait, en matière si grave. Mais il y a des exceptions, et comme pour elle c'était bien la volonté du bon Dieu, les choses s'arrangèrent en conséquence et Thérèse passa derrière les grilles du cloître le peu d'années qui lui restaient à vivre : elle mourut à vingt-quatre ans, au Carmel de Lisieux, le 30 septembre 1897.

Elle souffrit longtemps, beaucoup, avant de mourir ; et avec une grande patience, heureuse de souffrir pour obtenir la conversion des pécheurs. La veille de sa mort, une colombe venant on ne sait d'où, était entrée par la fenêtre ouverte se poser à ses pieds ; et quelques jours avant, c'était un petit rouge-gorge, lequel, étant entré de la même manière, resta longtemps à sautiller sur son lit, en chantant et en lui faisant mille gentillesses.

Qui étaient ces oiseaux ? Etaient-ce des Anges qui avaient pris cette forme ? Etaient-ce simplement des oiseaux du jardin qui savaient qu'elle allait mourir et venaient la saluer au départ ?

Comme les alouettes qui, à la mort de Saint François d'Assise, entouraient la cabane où il gisait sur la terre nue.

Ce serait, du reste, d'après une mission générale donnée par Dieu aux oiseaux, si l'on en croit les biographes de Sainte Brigitte, la « prophétesse» suédoise ; qui, en relatant la mort de sa fille Catherine, s'expriment ainsi : « La contrée entière priait... Le couvent de Vadstena ne fut donc pas seul autour de la mourante, quand les oiseaux du Ciel qui, en ces temps de foi, *avaient la coutume* de chanter l'entrée des saints dans la gloire, se perchèrent par milliers auprès des fenêtres... »

Cette sorte de révélation fut maintes fois faite aussi aux autres animaux. Cela s'est produit fréquemment dans la vie des Saints. Quand Saint Colomba mourut, le vieux cheval blanc du Monastère accourut l'accompagner dans sa dernière promenade, et posa sa tête sur son épaule en le regardant tristement. Et Saint Colomba, le caressant, dit à ses moines qui l'entouraient : « Dieu a révélé à ce pauvre animal ce qu'il vous a caché à vous... »

Le Président Frémyot, père de Sainte Jeanne de Chantal, était un saint homme aussi. Il fut averti de sa mort pour le lendemain, et monta sur « sa petite mule » pour faire sa tournée d'adieu chez ses parents et ses amis.

Et « la petite mule », également avertie, pensant que les forces de son maître diminuaient à mesure que la journée s'avançait, s'agenouillait quand il descendait ou remontait sur son dos, et le ramena au logis en marchant tout doucement. Il mourut en effet le lendemain matin.

Revenons à notre jeune Carmélite. Elle était bien heureuse de mourir, pour aller au Ciel voir Jésus qu'elle aimait tant, et pour obtenir de Lui de faire beaucoup de bien sur la terre ; « car, disait-elle, comme j'ai toujours fait sa volonté, Lui à son tour fera la mienne, et je ferai tomber sur la terre une pluie de roses. »

Par une pluie de roses, elle voulait dire des grâces, des faveurs, des miracles en grand nombre ; mais, chose merveilleuse ! ce qu'elle disait au figuré se trouverait réalisé à la lettre ; car les témoins ou bénéficiaires de ces grâces ont maintes fois senti un parfum délicieux de fleurs au moment où s'accomplissaient les miracles dûs à son intercession, comme s'ils avaient été entourés d'une jonchée de roses et de lys.

Or le jour dont nous citions la date tout à l'heure, le 27 janvier 1913 ; un an et quelques mois avant la Grande Guerre, une petite fille irlandaise de quatre ans, nommée Katleen Mac Nélis, était bien triste, toute seule dans le jardin de ses parents. Sa mère était très malade, on croyait qu'elle allait mourir.

C'était un grand malheur, pour son mari, pour ses enfants ; elle en avait plusieurs, entre autres un tout petit bébé qui venait de naître. On priait beaucoup pour elle, et on avait recommandé à Katleen de prier sœur Thérèse de l'Enfant Jésus, et elle l'avait fait de tout son cœur.

Elle était donc dans le jardin toute seule, lorsqu'elle vit descendre du Ciel une Religieuse qui tenait à la main des fleurs blanches, des perce-neige : c'était Sœur Thérèse de l'Enfant Jésus. Elle remit les fleurs à la petite fille, en lui disant de les porter à sa maman, et que cela la guérirait.

Comme Katleen était très jeune, elle ne s'étonna pas d'une chose pourtant si extraordinaire. La Religieuse, après cela, remonta au Ciel : « Elle s'est envolée » disait l'enfant, qui porta tout de suite les fleurs sur le lit de sa mère.

On n'y prit pas garde d'abord, car on était trop occupé de l'état de la malade ; mais au bout d'un instant, un parfum exquis et très fort, attira l'attention.

On fut stupéfait de constater que ce parfum venait des perce-neige, qui n'ont jamais aucune espèce d'odeur ; ces perce-neige, en outre, étaient bien plus belles que ne le sont ordinairement ces fleurs-là.

« Mais où l'enfant les a-t-elle prises ? se demandait-on ; qui a bien pu les lui donner ? »

On fit venir Katleen qui raconta ce que nous avons dit plus haut. Du reste, personne autre n'avait pu lui donner de fleurs ! elle n'avait pu voir personne, personne n'avait pu entrer, et ce parfum extraordinaire prouvait bien qu'elles venaient du Ciel, puisque celles qui poussent sur la terre n'ont aucune odeur.

A partir de ce moment-là, Mme Mac Nélis se sentit mieux ; au bout de très peu de temps, elle fut complètement guérie.

Il y avait six branches de perce-neige ; le médecin qui soignait Mme Mac Nélis en emporta une chez une autre malade et cela suffit pour parfumer toute la maison.

Ajoutons que la petite sœur Thérèse de l'Enfant Jésus va être béatifiée dans quelques semaines à Rome. (1)

---

(1) Depuis que ceci a été écrit, la béatification a eu lieu, le 29 avril 1923.

CHAPITRE VI

Deuxième Apparition de la Sainte Vierge à Bernadette (14 février 1858).

Nous avons laissé Bernadette au lendemain de la première Apparition de la Sainte Vierge à la Grotte.

Quoiqu'elle ne disait rien devant sa mère celle-ci la voyait préoccupée, et cela l'inquiétait et lui faisait de la peine.

Elle cherchait à la distraire; puis, revenant à ce qui s'était passé aux Roches Massabielle, elle lui représentait que parfois, on croit voir et entendre des choses qui n'existent pas; elle lui raconta des histoires où cette erreur était arrivée, et même des cas où c'était le diable qui, pour perdre des âmes, avait pris une forme séduisante et jolie.

Bernadette ne discutait pas, car elle n'était pas raisonneuse; mais elle se disait que si sa mère avait vu comme elle ce qu'elle avait vu, elle se rendrait compte que ce n'était pas une imagination.

Quant au diable, se disait Bernadette ; ce n'est pas possible qu'il puisse prendre une figure si belle et si bonne. Puis le diable ne porterait pas un chapelet, ne ferait pas le signe de la Croix... Et elle avait raison, la chère petite fille ; puisque le signe de la Croix met en fuite les démons !

Le vendredi et le samedi se passèrent ainsi, mais le dimanche 14 février, Bernadette ressentit dans son cœur un si violent désir de retourner à la Grotte, qu'elle supplia sa sœur et cinq ou six autres enfants de le demander à sa mère, n'osant pas le faire elle-même.

Les enfants hésitaient. — « Peut-être est-ce quelque chose de méchant, disaient-elles. »

— « Ce n'est pas possible, répondait Bernadette. Elle a un sourire et un visage d'une si grande bonté. »

— En tout cas, reprenaient les petites filles qui, plus instruites que Bernadette, savaient un peu de catéchisme ; en tout cas il faut lui jeter de l'eau bénite, si c'est le diable, cela le fera partir. Tu lui diras : si vous venez de la part de Dieu, approchez ; si vous venez de la part du démon, allez-vous en !

Bernadette le promit, et les petites filles supplièrent tant et tant, que la femme Soubirous finit par accorder l'autorisation pour l'après-midi. « Vous me cassez la tête, dit-elle, allez, mais soyez revenues pour les vêpres. »

Si la mére avait cédé, c'était parce qu'elle se faisait ce raisonnement :

« Cela débarrassera Bernadette des folles idées qu'elle s'est mises dans la tête ; comme elle ne verra plus rien, elle se rendra compte qu'il n'y avait rien la première fois, que c'était comme un rêve qu'elle avait fait. »

Quand l'heure fut venue, la petite troupe se rendit à l'église pour prendre de l'eau bénite. On en remplit une bouteille d'un demi-litre.

Donnons la parole à Henri Lasserre, qui, dans son beau livre de Notre-Dame de Lourdes. raconte en ces termes la seconde Apparition.

... « Les enfants arrivées à la Grotte, rien ne se manifesta tout d'abord.

— « Prions, dit Bernadette, récitons le chapelet.

— « Voilà les enfants qui s'agenouillent et qui commencent, chacune à part soi, la récitation du Rosaire.

« Tout à coup, le visage de Bernadette paraît se transfigurer, et se transfigure en effet. Une émotion extraordinaire se peint dans tous ses traits ; son regard, plus brillant, semble aspirer une lumière divine.

« C'est que, les pieds posés sur le roc, vêtue comme la première fois, l'Apparition merveilleuse venait de se manifester à ses yeux.

« — Regardez ! dit-elle ; la voilà.

« Hélas ; la vue des autres enfants n'était pas

miraculeusement dégagée, comme la sienne, du voile de chair qui nous empêche de voir les corps spiritualisés. Les petites filles n'apercevaient que le rocher désert et les branches de l'églantier, qui descendaient jusqu'au pied de cette niche mystérieuse où Bernadette contemplait un Être invisible aux yeux autres que les siens.

« Toutefois, la physionomie de Bernadette était telle qu'il n'y avait pas moyen de douter.

« L'une des enfants plaça la bouteille d'eau bénite entre les mains de la voyante : — Vite ! jette-lui de l'eau !

« Bernadette, se souvenant de ce qui avait été convenu, se leva, et, secouant vivement et à plusieurs reprises la bouteille, elle aspergea la Dame merveilleuse qui se tenait toute gracieuse à quelques pas devant elle, dans l'intérieur de la niche.

— « Si vous venez de la part de Dieu, approchez, dit Bernadette.

« A ces mots, à ces gestes de l'enfant, la Vierge s'inclina à plusieurs reprises et s'avança jusqu'au bord du rocher. Elle souriait à Bernadette, à ses précautions et ses armes de guerre.

— « Si vous venez de la part de Dieu, approchez », répétait Bernadette.

« Mais la voyant si belle, si resplendissante de bonté céleste, elle sentit son cœur défaillir au moment d'ajouter : si vous venez de la part du démon, allez vous-en.

« Ces paroles, qu'on lui avait dictées, lui parurent monstrueuses en présence de cet Être incomparable; et elles s'enfuirent de sa pensée sans être montées jusqu'à ses lèvres.

« Elle se prosterna de nouveau et continua de réciter le chapelet, que la Vierge écoutait en faisant glisser le sien entre ses doigts.... » (1)

Les enfants rentrèrent pour les Vêpres, comme elles l'avaient promis. Bernadette était dans la joie, ses petites compagnes étaient partagées entre l'émotion et la frayeur.

La transfiguration du visage de Bernadette leur avait montré qu'elle voyait réellement quelque chose de surnaturel ; elles continuaient à craindre par moments que ce ne fût « quelque chose de méchant ». Par d'autres, au contraire, elles comprenaient que cette extase où elles avaient vu leur amie plongée, ne pouvait provenir que d'une vision céleste.

Quant aux Soubirous, ils étaient désolés. Ils pensaient bien que leur fille était sincère, qu'elle ne mentait pas ; mais ils croyaient toujours à une illusion de sa part, et redoutaient le ridicule.

« J'en perds la tête ! disait la Mère, qu'est-ce que c'est que cela ? »

Les petites filles racontaient partout ce qui s'était passé à la Grotte, et leurs impressions personnelles, tout le monde riait de cette histoire, et nul n'y croyait. Excepté une personne qui s'appelait Antoinette Peyret, et appartenait à la Congrégation des Enfants de Marie.

(1) *Notre-Dame de Lourdes*, par Henri LASSERRE.

Elle interrogea Bernadette ; et lorsque celle-ci lui dit que la Dame était habillée de blanc avec une ceinture bleue, ce détail frappa vivement Antoinette parce que tel était le costume des Enfants de Marie dans les processions. Et elle s'imagina alors, que l'Apparition était une de ses amies, présidente de la Congrégation, morte depuis quelque temps, qui revenait réclamer des prières, ainsi que Dieu l'a permis quelquefois à des âmes du Purgatoire.

Elle fit part de son émoi à une autre amie de la morte, Mme Millet ; et toutes deux décidèrent d'aller trouver Bernadette, secrètement, pour combiner avec elle une visite aux Roches Massabielle.

A la tombée de la nuit, elle entrèrent chez les Soubirous, juste au moment où Bernadette suppliait sa Mère de la laisser retourner à la Grotte. La Mère s'était fâchée très fort et grondait sévèrement sa fille, l'accusant de les rendre la risée de tout le monde avec ses histoires.

En voyant entrer ces personnes, elle fut un peu confuse de son emportement, et leur dit le motif de sa colère.

Les visiteuses la calmèrent, lui démontrèrent qu'il n'y avait pas lieu de s'inquiéter si fort. Enfin elles obtinrent que le lendemain matin (18 février) Bernadette les accompagnerait à la Grotte.

« Ah j'en perds la tête ! disait la mère Soubirous ; enfin, je vous confie ma fille, veillez à ce qu'il ne lui arrive rien ! ».

C'est Bernadette, qui était contente !

CHAPITRE VII

Troisième Apparition (18 Février)

Avant que le jour fût levé, le lendemain matin, Mme Millet et Mlle Antoinette frappaient à la porte du *Cachot*, tout doucement, afin d'éviter la curiosité du voisinage. Bernadette qui était toute prête, partit avec elles.

Entendant la cloche paroissiale sonner une messe, elles entrèrent d'abord à l'Église pour y assister, puis s'acheminèrent vers la Grotte. Il fallait suivre un autre chemin que la première fois où Bernadette y était allée, parce que l'eau du canal aurait été trop profonde pour le traverser ; car les réparations du moulin étant terminées, on avait levé les écluses.

Dorénavant, c'était en descendant la pente abrupte des Roches Massabielle qu'on arrivait à la Grotte et ce n'était pas commode du tout. Les pierres se dérobaient sous les pieds, il fallait s'accrocher aux arbustes et aux herbes, et faire grande attention à ne pas rouler tout d'un coup jusqu'au bas.

Mme Millet et Mlle Antoinette étaient très essoufflées ; quant à Bernadette, malgré son asthme, elle marchait aisément et allègrement dans ce chemin difficile, comme si elle avait eu des ailes ! et elle arriva la première au but.

Il était de si bonne heure que les maisons étaient encore fermées sur son passage et que presque personne ne l'avait vue passer avec ses compagnes ; tandis que les jours suivants une foule de plus en plus nombreuse la suivait ou la précédait ; ce qui, du reste était conforme aux désirs de la Vierge, qui lui dira précisément le jour dont nous parlons :

« Je désire qu'il vienne du monde... »

Quand à grand'peine les braves femmes eurent rejoint Bernadette, elles la trouvèrent disant son chapelet. Elles s'agenouillèrent aussi. Mme Millet alluma un cierge qu'elle avait apporté, le cierge bénit de la Chandeleur, qu'elle faisait brûler dans sa chambre quand le temps était à l'orage.

Antoinette, elle, avait apporté une plume et de l'encre, ainsi que du papier, afin de prier l'Apparition d'écrire qui Elle était, et ce qu'elle voulait. Toutes trois priaient ainsi à voix basse quand tout à coup Bernadette jeta un cri de joie :

— « Elle vient ! La voilà ! Elle me fait signe d'avancer. »

Et l'enfant extasiée, frémissant de bonheur et de tendresse, ne bougeait cependant pas.

Ses compagnes ouvraient grands les yeux, en regardant le creux du rocher ; naturellement elles ne voyaient rien.

Mais Antoinette Peyret, toujours hypnotisée par l'idée de sa défunte amie, la présidente de la Congrégation, passa à Bernadette le papier, l'encre et la plume qu'elle tenait toujours à la main.

— « Vas-y, lui dit-elle : puisqu'elle t'appelle et te fait signe. Demande-lui qui Elle est, pourquoi Elle vient ici. Est-ce une âme du Purgatoire qui demande des messes et des prières ? Prie-la d'écrire tout cela sur ce papier, d'écrire ce qu'Elle veut, ce qui est nécessaire pour son repos. »

Munie des objets susdits, Bernadette fit quelques pas vers le rocher. Mais comprenant sans se retourner que les deux femmes allaient la suivre, elle leur fit signe de se reculer.

Arrivée aux pieds de la Dame, la petite Bernadette tendit bien haut les bras pour lui présenter la plume et le papier.

— « Ma Dame, dit-elle, si vous avez quelque chose à me communiquer, voudriez-vous avoir la bonté d'écrire qui vous êtes et ce que vous désirez ? »

A cette demande naïve, la Vierge se mit à sourire.

— « Ce que j'ai à vous dire, dit-elle ; je n'ai point besoin de l'écrire... »

Puis après avoir paru réfléchir un moment elle ajouta :

— « Voulez-vous me faire la grâce de venir ici pendant quinze jours ? »

— « Je vous le promets », répondit l'enfant avec simplicité.

— « Et moi, reprit la Vierge, je ne vous promets pas de vous rendre heureuse dans ce monde, mais dans l'autre. »

« A l'enfant qui lui accordait quelques jours, dit Henri Lasserre ; elle assurait en compensation l'Éternité. »

Bernadette revint vers ses compagnes, tout en regardant, toujours l'Apparition qui la suivait aussi des yeux en souriant ; Elle sourit aussi avec bienveillance en regardant Antoinette Peyret.

Celle-ci était un peu déçue de ce qu'il n'y avait rien d'écrit sur le papier ; Bernadette lui rapporta la réponse de la Dame, car, seule, Bernadette entendait la Dame, comme seule, elle la voyait.

Cela étonnait même beaucoup Bernadette : « Nous parlons à haute voix toutes les deux, la Dame et moi, disait-elle ; comment ne nous entend-on pas ? »

« Mais pourquoi, dit Mme Millet à Bernadette ; pourquoi nous as-tu fait signe de reculer quand nous venions tout-à-l'heure après toi ? »

— « C'était pour obéir à la Dame. »

— « Ah ! dit avec inquiétude Mme Millet ; de grâce Bernadette, demande-lui si ma présence ici ne lui est pas désagréable ? »

Bernadette leva les yeux vers l'ouverture du rocher ; puis, se retournant :

— « La Dame a dit non, que vous pouviez rester.

— « Demande-lui aussi si cela la contrarie que, durant cette quinzaine, nous t'accompagnions ici tous les jours. »

Bernadette s'adressa de nouveau à l'Apparition.

— « Elles peuvent revenir avec vous, répondit la Vierge, elles et d'autres encore ; je désire y voir du monde ».

Bernadette se remit à prier, ainsi que les deux femmes ; mais souvent Bernadette interrompait sa prière pour parler avec la Vierge. Ses compagnes voyaient ses lèvres remuer sans entendre aucune parole ni aucun son.

Au bout d'une heure, la Dame disparut, laissant après elle cette clarté lumineuse dont Elle était environnée, et qui disparut aussi peu à peu. Ce fut toujours ainsi au cours des Apparitions.

— « Quand la Dame se montre à moi, disait Bernadette, je vois la lumière tout d'abord et ensuite la Dame ; quand la vision cesse, c'est la Dame qui disparaît la première et la lumière en second lieu ».

Lorsqu'on fut sur le chemin du retour, les deux femmes interrogèrent encore Bernadette.

— « Puisque la Dame te parle, lui dirent-elles, pourquoi ne lui demandes-tu pas son nom ? »

— « Je l'ai fait.

— « Eh bien, qui est-elle ?

— « Je n'en sais rien. Elle a baissé la tête en souriant, mais elle n'a pas répondu ».

CHAPITRE VIII

« Voulez-vous me faire la grâce de venir ici pendant quinze jours... », avait dit la Dame à Bernadette.

« Me faire la grâce... ? » Oh ! qui est-ce qui s'exprimait ainsi ? Et à qui ces paroles sont-elles adressées ?

Celle qui vient de les dire, c'est la Vierge trois fois sainte, la Mère de Dieu. C'est la souveraine, du Ciel et de la Terre, des Anges et des Saints ; « Celle dont la gloire fait disparaître toute autre gloire ».

C'est celle dont la puissance surpasse, on peut dire, la puissance de Dieu ; car c'est elle dont la bonté désarme sa justice.

Parler dignement de la Vierge Marie est impossible à notre pauvre langue humaine. C'est la beauté, la pureté sans tache, l'Immaculée Conception ; c'est la science infinie, la sainteté, la divinité.

Et à qui adressait-elle ces paroles ?

A une petite fille pauvre et ignorante entre toutes, une petite gardeuse de moutons.

Elle allait faire jaillir sur la terre, la source symbole des grâces infinies qu'Elle y apportait ; et c'est en ces termes qu'Elle sollicite l'adhésion de l'enfant, humble instrument qu'Elle s'est choisi, comme si c'était Elle l'obligée. Délicatesse divine qui nous enseigne à jamais la bonté, l'indulgence ; l'amabilité, la *politesse* que nous nous devons les uns aux autres : « Mère aimable », disaient déjà les litanies que nous récitons chaque jour !

« Quand la Dame vient, expliqua un jour Bernadette ; Elle salue d'abord ; puis Elle sourit, et salue de nouveau... »

Lors de la dernière Apparition, nous le verrons plus loin, des barrières empêchaient de parvenir à la Grotte, et la foule était assemblée de l'autre côté du Gave. Et par-dessus ces barrières, et au-delà du Gave, la Vierge envoya à cette foule un maternel sourire, et un salut ; puis Elle reporta les yeux sur Bernadette avec une tendresse infinie, et ce furent les derniers actes de l'Apparition.

Je me demande comment, après cela, il pourrait y avoir encore parmi nous, petits ou grands, des sentiments d'orgueil et de mépris pour les autres, en particulier envers nos inférieurs ?

Ce ne sera certainement pas parmi les Enfants de France, justement fiers des égards de la Sainte

Vierge pour l'une d'eux ; fiers de cette fierté bien placée qui porte à l'imitation des grandes et belles choses. « L'amabilité, a dit Saint François de Sales, est la petite monnaie de la charité ».

La Vierge aimable a confirmé à Lourdes cette parole de son grand serviteur, et les Enfants de France auront à cœur de la prendre pour devise !

CHAPITRE IX

Quatrième Apparition (19 Février).

Naturellement, Bernadette avait dit à ses parents la promesse faite à la Dame d'aller chaque jour à la Grotte. Les pauvres gens commençaient à se rassurer.

La beauté de la Dame, sa bonté; le genre de la promesse qu'elle avait faite à leur fille, lui promettant le Ciel, calmaient leurs appréhensions; et la Mère se décida à accompagner elle-même Bernadette le lendemain.

Au petit jour, elle partit avec elle. Elles prirent au passage une parente, la tante Bernarde; puis, sans proférer une parole, toutes trois, Bernadette entre les deux femmes, se dirigèrent vers Massabielle. Quelques personnes qui ouvraient leur maison les reconnurent et les suivirent.

Arrivées à la Grotte, Bernadette s'agenouilla et fit le signe de la Croix avec la Croix de son

chapelet, comme elle l'avait vu faire à la Dame.
Peu après, la transfiguration de son visage, le
bonheur inouï qui s'y peignait, apprenaient aux
assistants, sans qu'elle en eût rien dit, que la
Sainte Vierge était là !

La pauvre Mère avait entendu parler des
extases de Bernadette, du changement admirable
qui s'opérait en elle quand elle était en présence
de l'Apparition ; mais elle n'en avait pas encore
été témoin. Elle fut saisie d'émotion et de crainte,
sentant que sa fille était bien en communication
avec un Être surnaturel, qu'elle ne voyait pas
elle-même, mais qui était bien réellement là. Et
elle pleurait en disant : « O mon Dieu, je vous en
prie, ne m'enlevez pas mon enfant ! »

En revenant au logis, Bernadette dit à ses compagnes que la Dame avait été contente de son
exactitude à venir ; et qu'Elle lui avait dit que
plus tard elle lui ferait des révélations.

Bernadette raconta ceci également : A un moment, pendant qu'elle disait son chapelet, un
tumulte formidable de voix féroces et sauvages
s'était élevé au-dessus du Gave et comme sortant
de la terre. Ces voix s'interpellaient, se croisaient
comme si toute une foule était en fureur et en querelle. L'une de ces voix, dominant les autres lui
avait crié, pleine de rage : « Sauve-toi ! sauve-
toi ! »

Saisie de frayeur, Bernadette avait tendu les

mains vers la Dame et imploré son secours. Alors la Dame avait levé la tête et, fronçant le sourcil, regardé du côté de la rivière.

Sur ce simple mouvement, les voix s'étaient prises d'épouvante, et enfuies dans toutes les directions avec des râlements de fureur.

Il est à croire que Bernadette avait compris que ces voix, c'étaient celles des démons. Ils étaient furieux, évidemment, parce qu'ils se doutaient bien que si la Sainte Vierge descendait ainsi visiblement sur la terre, c'était dans l'intention d'y faire du bien.

Mais les autres personnes qui étaient là, n'ayant rien entendu, croyaient que Bernadette s'était trompée..., comme, peu de jours avant, elles croyaient qu'elle s'illusionnait, en disant qu'elle voyait une dame en blanc, dans la niche, au-dessus de l'églantier !

Non, dans un cas comme dans l'autre, Bernadette ne s'est point trompée; elle n'a point vu ni entendu des choses inexistantes, mais seulement des choses que nous ne pouvons ni voir, ni entendre sans un miracle.

Les démons sont bien parmi nous, hélas! cherchant à nous faire tout le mal possible. Saint Paul, dans son Épître aux Ephésiens le dit ainsi : « Nous avons à combattre contre les Principautés et les Puissances de l'Enfer, contre les Princes de ce monde de ténèbres ; contre les esprits de malice répandus dans l'air... »

« Le démon votre ennemi tourne autour de vous comme un lion rugissant », voyons-nous aussi dans les Complies du Dimanche.

C'est donc la vérité ; mais il ne faut pas que cela nous fasse peur. Le bon Dieu est plus fort que le diable, cela va sans dire ; et les bons anges qu'Il nous donne pour nous défendre sont autrement nombreux et puissants que les démons. Nous avons vu, du reste, comme un simple regard de la Sainte Vierge met ceux-ci en déroute !

« *Tout le Ciel est à notre service* », nous est-il enseigné.

Cela veut dire que Dieu, la Sainte Vierge, les Anges, les Saints, sont constamment occupés de nous qui sommes encore sur la terre ; que nous y sommes entourés des habitants du Ciel qui viennent nous assister, nous consoler, nous défendre. Nous ne les voyons pas, comme personne, excepté Bernadette ne voyait la Sainte Vierge ; mais ils n'en sont pas moins là. Leur secours incessant existe à chaque minute de la vie de tous les êtres que Dieu a créés, dans les plus petits détails journaliers comme dans les grandes choses.

CHAPITRE X

Cela n'en finirait pas de citer des faits à l'appui de ce que nous venons de dire sur la participation du ciel à notre vie terrestre. Du reste, les enfants qui ont appris l'histoire sainte en connaissent déjà ; car l'Ancien Testament est rempli de ces exemples, à partir du Paradis terrestre où Dieu et ses Anges venaient converser familièrement avec l'homme et les animaux. Rappelons en donc seulement quelques-uns qui me viennent en mémoire. L'un est relaté par la Bible et l'historien Josèphe ; le voici :

Le prophète Elisée ayant averti son Roi, Joram, d'un guet-apens que lui avaient tendu les Syriens, avec qui il était en guerre ; le Roi de Syrie, Adad, furieux d'avoir manqué son coup, envoya une troupe de cavaliers avec des charriots de guerre, qui cernèrent la colline sur laquelle se trouvait Elisée, avec l'ordre de s'emparer de lui.

Ils étaient venus pendant la nuit ; au matin, le serviteur d'Elisée les aperçut et vint épouvanté prévenir son maître.

— « Que crains-tu ? dit celui-ci ; ceux qui nous défendent sont bien plus nombreux qu'eux. »

Mais le serviteur ne voyait personne, pour les défendre ! Il voyait seulement qu'à une certaine distance, cette troupe les environnait et qu'ils ne pourraient pas bouger d'où ils étaient, sans tomber entre les mains de ces ennemis.

Alors Elisée pria Dieu de permettre que son serviteur vît ce qu'il voyait lui-même; et instantanément, le serviteur vit qu'entre eux et la troupe ennemie, il y avait une petite armée de soldats à cheval et de charriots descendus du Ciel qui se préparaient à les défendre. Il serait trop long de raconter comment, en effet, l'ennemi fut mis hors d'état de leur faire aucun mal.

Un autre fait est de l'histoire de France, car Jeanne d'Arc, la sainte de la Patrie, appartient à l'histoire de France, et cela concerne Jeanne d'Arc.

Elle attaquait la ville de Saint Pierre de Moustier. C'était une place importante, entourée de hautes et dures murailles ; et Jeanne n'avait cette fois qu'une petite troupe, mal armée et mal pourvue.

L'assaut fut repoussé avec perte, mais la grande guerrière ne s'enfuit pas avec les autres, et resta devant les murs, seule avec quatre ou cinq hommes tout au plus.

Son écuyer, qui s'appelait d'Aulon, n'avait pas pris part au combat, ayant reçu précédemment une blessure qui lui avait laissé la jambe « navrée, » comme on disait dans ce temps-là ; et il regardait de loin en s'appuyant sur ses béquilles.

Quand il vit Jeanne seule ou à peu près, il en fut épouvanté. Il se hissa comme il put sur un cheval et arriva au galop auprès d'elle.

— « Que faites-vous ici ? lui cria-t-il ; retirez-vous vite, de grâce, et ne restez pas seule sous ces murs. »

Mais au même instant, il fut très surpris de voir Jeanne qui enlevait son casque, et saluait respectueusement ; il ne pouvait pas comprendre qui, car il ne voyait personne !

— « Je ne suis pas seule, lui répondit-elle ; j'ai avec moi cinquante mille de mes gens, et je ne partirai pas d'ici avant que la ville ne soit prise. »

Puis elle rappelle les hommes qui avaient fui, tout-à-l'heure, et se tenaient plus loin. Elle leur crie d'apporter des fagots, des claies, afin de faire un pont pour traverser le fossé qui entourait la ville.

Et ce pont fut dressé si vite, les murailles escaladées et la ville prise si aisément, qu'on vit bien que la petite troupe insuffisante avait été mystérieusement renforcée par l'imposante milice que Jeanne avait saluée à son arrivée du Ciel, et qu'elle était seule à voir.

A côté de ces faits de l'Histoire, en voici quelques-uns concernant la vie ordinaire de tous les jours.

— Lorsque Sainte Marguerite-Marie, Religieuse de la Visitation, gardait dans les jardins de son couvent, l'ânesse et le petit ânon qu'elle était chargée de soigner ; elle avait parfois beaucoup de mal, car il n'y avait pas de clôture entre le pré et le jardin potager, et les salades tentaient fort le petit ânon, ainsi que sa mère qui n'était pas plus raisonnable que lui. La pauvre sœur courait donc de tous côtés ; et quand elle avait ramené l'un, c'était l'autre qui s'échappait, de sorte qu'un jour elle était désolée....

— Eh bien ! savez-vous qui est-ce qui vint à son secours ?

Notre-Seigneur Jésus-Christ lui-même, qui lui apparut et l'aida à rattraper ses ânes, et à les maintenir, bien sagement, loin des légumes tentateurs !

Une autre fois, c'est la Sainte Vierge, qui ne dédaigne point non plus de venir participer à de non moins humbles travaux.

C'était du temps de Sainte Thérèse, au Carmel de Tolède ; une sœur converse était un jour bien fatiguée, car elle était chargée seule du soin de l'infirmerie qui était pleine de malades.

Comme elle montait l'escalier, peut-être pour la centième fois de la journée, elle se plaignit un peu.

— « O Très-Sainte Vierge, murmura-t-elle ; que je suis donc lasse ! qui donc m'aidera ?

— « Moi, ma fille, répondit la Sainte Vierge qui apparut soudain. »

Et prenant le lourd fardeau dont la sœur était chargée, elle monte l'escalier devant elle et la devance près des malades.

Le plus souvent ce sont les Anges qui sont chargés par Dieu de nous assister directement.

Tout le monde se souvient de l'histoire de Tobie et de son voyage avec l'Archange Raphaël.

Peut-être aussi, quelques-uns de vous ont-ils vu, au Musée du Louvre à Paris, un tableau représentant un pauvre moine dans la cuisine de son couvent ; qui, absorbé par sa prière, ne s'apercevait pas qu'il était l'heure de faire le dîner. Alors les Anges, pour l'empêcher d'être grondé, (et pour que toute la maison ne subisse pas un jeûne exagéré) les Anges, disais-je, se partagent la besogne ; l'un épluche les légumes, l'autre allume le feu, etc., etc..

Tandis qu'un autre moine entr'ouvre la porte et est témoin de cette céleste intervention, c'est ainsi qu'on l'a connue.

Je ne me souviens plus du nom de ce moine, mais oui bien de celui de Saint Isidore le laboureur, que les Anges venaient aussi aider dans son travail, avec deux beaux bœufs blancs qu'ils amenaient du Paradis.

Saint Isidore n'était pas un moine, lui; il était même marié. Il était au service d'un maître qui n'était pas méchant si on veut, mais un peu dur sous le rapport du travail. Dans ce temps-là, il n'était pas question de la journée de huit heures, et il exigeait qu'on fût à la tâche bien avant l'aube, et jusqu'au coucher du soleil.

De sorte que, apprenant que le matin Isidore quittait son ouvrage pour se rendre à la messe dans une église voisine, il en fut fort courroucé et résolut de le prendre en faute.

Le lendemain donc, avant le retour d'Isidore, il vint au champ que celui-ci était chargé de labourer, pensant trouver en retard le travail des jours précédents ; mais il fut très surpris de constater le contraire.

Pendant ce temps, Isidore, revenu de l'église, attelait ses bœufs à la charrue et se mettait à creuser son sillon. Le maître, qui l'observait de loin sans qu'il le vît, était intrigué par la rapidité du mouvement ; il s'approcha, et quelle ne fut pas sa surprise ?

En plus de l'attelage ordinaire, la charrue était traînée par une superbe paire de bœufs blancs comme neige, attelés en tête ; un ange se tenait auprès d'eux ; quand le temps perdu fut ainsi rattrapé, tous trois disparurent.

Sainte Gertrude cousait dans une prairie nouvellement fauchée, étant chargée de surveiller le travail des faneurs. Elle était assise sur un tas d'herbe, et son aiguille lui échappa des mains.

Vous savez ce qu'on dit : « Chercher une aiguille dans une meule de foin, » cela veut dire chercher quelque chose d'introuvable !

Sainte Gertrude n'essaya donc point ; mais, très ennuyée elle dit tout haut :

— « Jésus ! Vous voulez que je travaille et vous me laissez perdre mon aiguille ! Comment voulez-vous donc que je fasse ? »

Au même moment elle sentit qu'on lui mettait son aiguille entre les doigts et elle reprit activement sa couture.

« Saint François d'Assise, gravement malade, nous raconte en ces termes le père Drexellius ; alors que tout son corps était tout décharné par la maladie, pour adoucir ses souffrances pria un de ses religieux nommé le Père Pacifique qui savait jouer du luth, d'aller chercher son instrument et de lui faire un peu de musique.

— Volontiers je le ferais mon bon Père, lui répondit celui-ci ; mais je crains d'incommoder les autres personnes de la maison.

— C'est bien, répondit Saint François, n'en parlons plus.

Mais Dieu qui avait entendu sa demande, envoya un Ange avec un luth, qui joua d'une manière si délicieuse que Saint François en fut ravi et en oublia sa souffrance. »

Les Anges président à tout ce qui se passe sur

la terre ; chargés par Dieu d'y veiller, et contre-carrant sans cesse le jeu néfaste des démons.

Un Ange, l'Ange gardien, nous est particuliè-rement donné à notre naissance ; il nous suit toute notre vie et accompagne toute la vie, et suit notre âme au Ciel, quand la mort la sépare du corps.

Et alors, à la prière de l'Eglise, un autre ange descend du Ciel et vient garder notre corps quand on le met dans son tombeau.

Cet Ange demeure là, priant avec ceux qui viennent y prier et les consolant. Il reste à veil-ler sur les cendres qui lui sont confiées, il les suit dans leur dispersion ; il sait où il retrouvera chaque atome pour les réunir tous au moment de la Résurrection générale, quand l'âme vien-dra reprendre son corps.

Les Saints partagent avec les Anges les soins qu'ils ont des créatures.

Par les Saints, on n'entend pas seulement ceux qui, étant canonisés, sont honorés sur nos autels mais tous les élus qui sont au Ciel ; ces innom-brables élus qui sont maintenant semblables aux Anges, a dit Notre-Seigneur ; et puissants comme eux. De sorte que, tous ceux que nous avons connus sur la terre, et qui nous ont aimés; que ne feront-ils pas par tendresse pour nous, leur pouvoir étant égal à celui des Anges ?

Nous nous imaginons parfois que ceux qui meurent nous quittent ; pas du tout, s'ils meurent dans la grâce du Seigneur. Ils nous voient, nous entendent, nous aiment ; ils accourent sitôt que nous les appelons ; seulement nous ne les voyons pas ! « Les morts sont des invisibles, mais ils ne sont pas des absents » a dit un grand poète. (1)

Nous nous imaginons aussi que nos petites affaires ne les intéressent plus ; quelle erreur !

« La gloire du Ciel ne change point la nature des élus, nous est-il enseigné, elle la perfectionne. »

Cela signifie que ce qui intéressait nos morts sur la terre continue à les intéresser dans le Ciel, non seulement notre salut éternel, mais les moindres petits détails de notre existence ; imitant en cela Dieu et sa Sainte Mère eux-mêmes, nous venons de le voir par les faits authentiques et historiques que nous avons relatés ci-dessus ; nous le voyons à chaque page de l'Histoire de Notre-Dame de Lourdes.

Peut-être parmi les enfants qui me lisent, en est-il qui ont perdu un père, une mère. Qu'ils soient sûrs que ce père, cette mère, continuent envers eux la mission qu'ils avaient reçue sur la terre de les aimer et protéger. Ayez confiance en eux, mes enfants ; parlez-leur sans cesse, tout bas, ils vous entendront tout de même. Racontez-leur vos petites affaires ; vos chagrins, vos plaisirs, vos travaux ; vous ne les ennuierez jamais.

Dites leur que vous voulez être bons et sages

(1) Victor Hugo.

pour aller les rejoindre au Ciel, demandez leur de vous y aider.

Dites les mêmes choses aux Anges, à vos Anges Gardiens en premier lieu ; à Bernadette, à la Sainte Vierge qui causait familièrement avec elle, qui souriait avec indulgence à ses naïvetés, à ses aspersions d'eau bénite, son encrier et sa plume ! Et la Sainte Vierge vous écoutera aussi,

Le monde surnaturel n'est point séparé du nôtre, nous en sommes entourés. Nous le verrons plus tard ; non pendant notre vie mortelle comme Bernadette et quelques privilégiés ; mais après cette vie, quand nous vivrons de la véritable vie de bonheur infini et de gloire qui ne finira jamais ; et que nous reviendrons sur notre terre natale, « invisibles mais présents » revoir ceux que nous aimons et leur faire du bien à notre tour.

CHAPITRE XI

Cinquième Apparition (Samedi 20 Février)

Reprenons notre histoire de Bernadette.

Le bruit des apparitions s'était répandu, non seulement dans Lourdes, mais dans tous les villages environnants.

Les uns se moquaient, les autres soupçonnaient que la Dame inconnue pourrait bien être la Sainte Vierge ; et en somme tout le monde voulant voir Bernadette en extase, ce fut à partir de ce jour là, des centaines, puis des milliers de personnes qui entouraient Massabielle à l'heure des apparitions.

Il y en avait qui passaient toute la nuit à attendre, installés sur les pentes humides ou glacées de la Grotte ; et de l'autre côté du Gave quand il n'y avait plus de place plus près ; d'autres grimpaient dans les arbres, se juchaient sur les pointes des rochers.

On craignait des accidents ; mais, chose remarquable, il n'y en eut pas un seul, jamais : la Reine des Anges avait donné ses ordres en conséquence évidemment.

Bernadette passait au milieu de tout ce monde presque sans rien voir tant elle était occupée de la Dame qu'elle venait retrouver. Le matin de la cinquième apparition, elle arriva à 6 heures 1/2, encore accompagnée de sa mère. La brave femme répétait bien encore sa phrase favorite : « J'en perds la tête ! » Mais elle *croyait* à présent.

Bernadette alla s'agenouiller sur une pierre plate en face du rocher. Elle commença son chapelet et la Dame apparut, enveloppée comme toujours d'une vive lumière ; mais cette lumière du Ciel était douce, en |même temps qu'éclatante, et n'empêchait pas l'enfant de voir, au contraire, comme l'eût fait la lumière du soleil.

Je suis sûre qu'aucun de mes lecteurs ne devinerait ce que fit la Sainte Vierge ce jour là ?

La Sainte Vierge apprit à Bernadette mot à mot, une prière, qu'Elle répéta et lui fit répéter jusqu'à ce qu'elle la sût bien. Une prière pour elle seule, qu'elle ne redit jamais à personne, mais qu'elle récita tous les jours de sa vie jusqu'à sa mort.

Ce qui est amusant à penser, c'est combien la brave Mère Laguës a dû être confuse, en apprenant cela ! Elle qui n'avait pas la patience d'enseigner le catéchisme à Bernadette et lui jetait son livre au nez ; tandis que la Sainte Vierge l'eut bien, la patience de lui enseigner cette prière, mot à mot, jusqu'à ce qu'elle la sût par cœur.

CHAPITRE XII

Sixième Apparition (Dimanche 21 Février).

Dès avant le lever du soleil, une foule immense remplissait les alentours des Roches Massabielle. Bernadette arriva, enveloppée de son capulet blanc et accompagnée de sa mère ou de sa sœur.

Ce jour-là, le médecin du pays, le docteur Dozous était venu aussi ; car il se demandait si tout cela était réel ; et si Bernadette n'était pas une malade, une espèce de petite toquée (comme il y en a, et comme certaines gens le prétendaient) s'imaginant voir ce qui n'était pas.

Mais le docteur Dozous, qui était de bonne foi, se rendit parfaitement compte :

1° Que l'enfant avait toute sa raison et son sang-froid ;

2° Que le changement, la transfiguration qui paraissait en elle au moment de l'Apparition ne pouvait venir que du Ciel.

C'était la conviction de tous ceux qui la voyaient en extase.

A un moment donné, des larmes coulèrent des yeux de Bernadette; c'est que la Dame elle-même avait paru un instant comme attristée.

— « Qu'avez-vous? Que faut-il faire? » avait demandé la petite fille.

— « Prier pour les pécheurs », avait répondu la Dame.

Et Bernadette se souvint toute sa vie qu'on fait plaisir à la Sainte Vierge en priant pour les pécheurs, pour qui son divin Fils est mort sur la Croix, afin qu'il se repentent et se convertissent.

Mais ce jour-là ne devait pas se terminer comme à l'ordinaire. Nous avons vu, précédemment, la débandade et la fuite des démons chassés par un regard de la Sainte Vierge, le jour où ils faisaient tapage devant la Grotte. Ils auraient voulu, en faisant peur à Bernadette, en lui criant : « Sauve-toi » ! l'effrayer si bien qu'elle n'aurait plus osé revenir.

Leur manœuvre ayant échoué, ils eurent recours aux moyens habituels que Dieu permet pour éprouver les hommes, et voir s'ils seront fidèles.

Ces moyens, c'est d'inspirer les méchants et aussi les imbéciles, parfois aussi dangereux que les méchants, mais sans être aussi responsables quand c'est par pure bêtise qu'ils font le mal.

Et voici qu'il se tramait contre la pauvre petite Bernadette un véritable complot ; et qu'elle va se trouver en butte à une persécution dans les règles, comme il arrive souvent à ceux qui font le bien, selon la prédiction du Christ qui a dit : « Vous serez persécutés à cause de moi. »

Mais Il a dit aussi, le Christ :

« Bienheureux ceux qui souffrent persécution pour la justice (c'est-à-dire pour ce qui est juste et bon) parce que le Royaume des Cieux leur appartient. »

Le premier qui donna le branle, fut M. Jacomet, le commissaire de police de Lourdes.

— Pourquoi ?

— En quoi cela gênait-il, M. Jacomet et la police que Bernadette allât prier à la Grotte ; lors même que cela n'aurait pas été vrai qu'elle y eût des Apparitions ?

— Quelle était la loi qui le défendait ?

— Quel mal cela faisait-il ?

Aucun, mais le diable qui savait que la Dame était la Sainte Vierge, ne le voulait pas parce que c'était honorer la Sainte Vierge et lui obéir ; et M. Jacomet écoutait le diable qui lui disait d'en empêcher.

Ce 21 février étant un Dimanche ; il y avait les Vêpres. A la sortie, comme tout le monde entourait Bernadette, un sergent de ville s'approcha d'elle et lui mit la main sur l'épaule : « Au nom de la loi, dit-il ; j'ai l'ordre de vous prendre et de vous emmener chez le commissaire de police. »

Bernadette le suivit.

Le sergent de ville fit entrer Bernadette chez le commissaire ; et comme la foule était indignée et menaçait un peu, il ferma la porte d'entrée au verrou et à clef : Bernadette était prisonnière !

CHAPITRE XIII

M. Jacomet commença par faire l'hypocrite.

— « Il paraît que tu vois une belle Dame à la Grotte de Massabielle, ma bonne petite, dit-il ; raconte-moi donc cela. »

Bernadette, sans méfiance, se mit à lui raconter les événements extraordinaires arrivés depuis quelques jours.

M. Jacomet l'écoutait ; d'un air doucereux il lui faisait des questions avec bienveillance. En réalité, il essayait de la faire se contredire et de la prendre en flagrant délit de mensonge.

N'y parvenant pas, il se fâcha tout-à-coup.

— « Tu mens ! s'écria-t-il avec violence, tu trompes tout le monde, et si tu ne l'avoues pas tout de suite, je te ferai prendre par les gendarmes et mener en prison. »

Et il s'était levé tout droit en regardant la porte, comme prêt à exécuter sa menace.

Bernadette fut stupéfaite, mais forte de sa conscience, sachant bien qu'elle n'avait rien fait de mal, elle ne fut point effrayée.

— « Monsieur, répondit-elle avec calme et fermeté, vous pouvez me faire prendre par les gendarmes, mais je ne puis dire que ce que j'ai dit; car c'est la vérité. »

M. Jacomet ne se tenait pas pour battu. Il recommença son interrogatoire en tendant perfidement des pièges à l'enfant ; mais celle-ci ne s'y laissa pas prendre. Tranquille et douce, elle ne ne dit toujours que la même chose, puisque c'était la vérité.

Le commissaire réitéra ses menaces :

— « Si tu continues d'aller à la Grotte, je te fais mettre en prison; et tu ne sortiras d'ici qu'en t'engageant à n'y pas retourner. »

— « J'ai promis à la Dame d'y aller », répondit Bernadette ; donnant ainsi au commissaire une grande leçon sur le respect dû à la parole donnée.

Il y avait une heure que Bernadette était chez le commissaire de police. La foule au dehors était mécontente et on entendait des cris quelque peu menaçants pour M. Jacomet; puis, à la fin, une grande rumeur, comme si quelqu'un qu'on attendait arrivait enfin.

Ce quelqu'un, c'était le père Soubirous qu'on était allé chercher pour venir défendre sa fille. Il

se mit à frapper violemment de grands coups
dans la porte du commissaire ; celui-ci paraissait
ne pas y faire attention. Les coups redoublèrent
et M. Jacomet, de plus en plus en colère, se leva
et alla ouvrir.

— « On n'entre pas ! cria-t-il d'un ton furieux,
qu'est-ce que vous voulez ? »

— « Je veux ma fille ! » répondit Soubirous
en entrant de force.

La vue de sa fille, saine et sauve, et sa physionomie tranquille rassurèrent le pauvre père ; et
il se trouva un peu effrayé d'avoir fait du tapage
et forcé l'entrée ; car M.Jacomet était très redouté
dans ce petit pays.

Soubirous avait enlevé son béret et le roulait
dans ses mains pour se donner une contenance ;
et M. Jacomet, se rendant compte de son émoi,
en profita pour essayer d'obtenir du père ce qu'il
n'avait pas pu obtenir de la fille. Il reprit son air
doucereux et hypocrite :

— Père Soubirous, dit-il, en lui frappant sur
l'épaule ; prenez garde ! prenez garde ! prenez
garde ! Votre fille est en train de se faire une
mauvaise affaire ; elle s'engage tout droit dans le
chemin de la prison. Je veux bien ne pas l'y
envoyer cette fois-ci ; mais à la condition que
vous lui défendiez de retourner à cette Grotte. Si
elle y retourne, gare à elle et gare à vous !

CHAPITRE XIV

Soubirous et sa femme étaient maintenant fortement effrayés.

— « J'en perds la tête ! » recommençait à dire la mère ; et le père défendit à Bernadette de retourner à la Grotte.

— « Tu vois, disait-il à sa fille, que tous ces Messieurs sont contre nous ; M. Jacomet, qui est très puissant, nous fera mettre en prison, toi et nous ; n'y retourne plus. »

— « Père, répondait Bernadette, quand j'y vais ce n'est pas tout-à-fait de moi-même ; je sens à ces moments-là quelque chose qui m'y appelle et m'y attire. »

— « Je te défends formellement d'y aller, reprit le Père, tu ne me désobéiras certainement pas pour la première fois de ta vie. »

La pauvre Bernadette était désolée. Comment faire pour obéir à la Dame sans désobéir à son père ?

Le lendemain matin, donc, au lieu de se rendre à la Grotte, Bernadette, sur l'ordre de ses parents, se rendit à l'école, le cœur bien gros, avec l'injonction de ses parents « de ne dévier ni à droite, ni à gauche. »

Les Sœurs qui tenaient l'école, joignirent leur défense formelle à celle des parents. Elles ne croyaient pas à ces Apparitions, elles disaient à Bernadette qu'elle mentait, ou qu'elle avait le cerveau dérangé. L'une d'elles était même très dure.

— « Méchante enfant, lui disait-elle, tu fais là un indigne carnaval dans le saint temps du Carême ! »

Quelques enfants de l'école se moquèrent de Bernadette ; des grandes personnes aussi, ce jour-là, l'accusèrent de comédie et de mensonge. Tout le monde semblait se liguer contre elle et les moqueries et injures ajoutaient à son chagrin de ne pas aller à la Grotte, et à son inquiétude de ne pas savoir ce qu'elle devait faire.

Car d'un côté elle ne voulait désobéir ni à son père ni aux Religieuses ; et de l'autre elle ne pouvait pas supporter l'idée de manquer à la promesse qu'elle avait faite à la divine Apparition.

Mais Dieu qui connaissait sa bonne volonté arrangea tout cela ainsi que nous allons le voir.

A midi, les enfants des écoles rentraient chez eux pour manger. Bernadette, bien triste et tourmentée se dirigeait vers sa maison, lorsque, subitement elle se sentit comme entraînée, poussée, enlevée et dirigée dans un autre chemin, comme si quelqu'un qu'elle ne voyait pas l'eût portée et forcée à marcher, à courir, sans qu'elle pût résister.

Le mouvement qui l'emportait était très doux, mais très fort, absolument irrésistible ; et elle se trouva devant la Grotte sans avoir désobéi à ses parents.

Il y a des miracles de ce genre dans la vie de plusieurs saints : « Saint Philippe de Néri, sainte Ida de Louvain, saint Joseph de Cupertino, rappelle Henri Lasserre ; ont éprouvé des choses de ce genre. »

L'espoir revenait au cœur de Bernadette.

— « Je vais revoir l'Apparition, se disait-elle ; et cela me consolera de tout. »

Mais Dieu voulait seulement indiquer ainsi à Bernadette et à ses parents ce qu'ils devaient faire, c'est-à-dire obéir à la Dame ; et ce jour-là, la Dame ne se montra pas à l'enfant.

De tous les chagrins qui assaillaient la pauvre petite depuis la veille, celui-là était le plus grand, et elle pleura amèrement. Quelques personnes qui étaient là lui disaient : « Tu dois comprendre par là, ma pauvre enfant, que c'était une illusion et qu'il n'y a jamais rien eu ; tu avais des lubies ! »

— « Les autres jours je la voyais comme je vous vois, répondait Bernadette ; et nous parlions ensemble, Elle et moi, mais aujourd'hui elle n'y est plus. »

Lorsqu'elle rentra chez ses parents, son père lui demanda sévèrement d'où elle venait. Elle raconta ce qui lui était arrivé.

— « Et tu dis, reprit le père, qu'une force t'a emportée malgré toi ?

— « Oui, répondit Bernadette. »

Cela est vrai, pensèrent les parents; car elle n'a jamais menti.

Le père Soubirous réfléchit un long moment. Enfin il prit une résolution définitive.

— « Puisqu'il en est ainsi, dit-il, je ne te défends plus d'aller à la Grotte, et je te laisse libre. »

La joie de Bernadette fut vive en entendant cela. Mais qu'on se figure la colère de M. Jacomet quand il l'apprit !

Il fit revenir Soubirous et sa fille, il les menaça encore de la prison. Puis il courut chez un autre magistrat, le Procureur Impérial (on appelle maintenant ce magistrat Procureur de la République), afin de se concerter avec lui sur les moyens de traiter les Soubirous comme des criminels, quoiqu'ils ne fissent de mal à personne, mais simplement parce qu'ils agissaient en chrétiens et voulaient continuer à le faire.

— « Je m'en vais prier toute seule, je n'appelle personne, avait répondu ce jour-là Bernadette au commissaire. S'il vient du monde autre que moi, c'est pour prier aussi. On dit que la Dame est la Sainte Vierge, moi je n'en sais rien... »

Elle ne savait pas encore que c'était la Sainte Vierge qu'elle voyait ; mais c'était Dieu et la Sainte Vierge qu'elle priait, en disant son chapelet ; et les méchants lui reprochaient cela comme un crime.

« Vous serez persécutés à cause de moi », a dit Notre-Seigneur à ceux qui l'aiment ; ainsi que nous l'avons déjà rappelé.

Le Procureur Impérial se nommait M. Dutour. Il aurait bien voulu, comme M. Jacomet, mettre Bernadette en prison, et faire cesser du coup toutes ces prières et pieuses manifestations qui l'agaçaient. Mais comment ?

Lui et M. Jacomet feuilletaient les gros livres qu'on appelle le Code et qui contiennent le texte des lois. Et quoique les lois soient bien élastiques, ils ne trouvaient aucun texte leur permettant de traiter Bernadette en criminelle.

Elle allait prier sur un terrain communal ouvert à tout le monde, et où aucune loi ne défendait de s'agenouiller. Elle ne provoquait pas les attroupements et personne dans l'assistance ne commettait aucun désordre ; et enfin ni la petite, ni personne de la famille ne tirait de cette affaire aucun profit d'argent. Ah ! c'est cela que ces Messieurs auraient bien voulu, qu'elle ou ses parents acceptassent un cadeau, une aumône !

Mais pauvres comme ils étaient ils s'y refusèrent constamment, invinciblement, n'acceptant rien, rien jamais. M. Jacomet qui y envoyait du monde pour essayer de les tenter, et s'y prit sournoisement de toutes les façons, M. Jacomet était fort vexé d'en être pour ses frais de perfidie !

Ce fut dès lors qu'on combina secrètement contre la pauvre petite Bernadette, une machination plus odieuse encore, que nous dirons quand le moment en sera venu.

CHAPITRE XV

Septième Apparition (Mardi 23 Février).

Bernadette avait donc la permission définitive de son père de venir à la Grotte. Elle y arriva de bonne heure le mardi 23, mais la foule y était avant elle, et même avant le lever du soleil.

On voyait sur le visage de la pauvre petite fille qu'elle avait beaucoup pleuré, qu'elle avait eu beaucoup de chagrin, et elle en avait encore, se demandant si aujourd'hui ne serait pas une déception comme hier, et si l'Apparition se montrerait.

Elle s'agenouilla humblement, tenant d'une main son chapelet, et de l'autre un cierge bénit.

A peine était-elle agenouillée qu'on vit sur sa figure cette expression radieuse de l'extase, apprenant à ceux qui l'entouraient que la Vierge était là.

Elle arrêta sur Bernadette un regard plus

tendre encore qu'à l'ordinaire, parce qu'elle avait souffert et que la tendresse de la Sainte Vierge, comme celle de Dieu, est infinie pour ceux qui souffrent.

« J'ai à vous dire, dit-elle à l'enfant, pour vous seule et concernant vous seule, une chose secrète, me promettez-vous de ne jamais la répéter ?

— « Je vous le promets, dit Bernadette. »

Et elles causèrent longuement, la Reine du Ciel, la Mère de Dieu, et la petite pauvresse gardeuse de brebis ; elles causèrent intimement et familièrement, mais le secret de ce qu'elles se dirent, Bernadette le garda fidèlement. Peut-être lui sera-t-il permis de nous le révéler, quand nous serons tous au Ciel ?

Puis après cela, la Vierge dit à Bernadette :

— « Et maintenant, allez dire aux prêtres que je veux que l'on élève ici une chapelle. »

Après avoir donné cet ordre formel, elle disparut.

Lorsque Bernadette se releva, tout le monde l'entoura, la questionna. On ne lui demanda point si la Dame était venue ; car on n'en pouvait douter en la voyant en extase, mais on l'interrogeait sur ce qu'elle avait dit.

— « Elle m'a dit deux choses, l'une pour moi seule et l'autre pour les prêtres, et je vais vite aller leur faire la commission. »

Bernadette se rendit tout droit chez M. le Curé de Lourdes, M. l'abbé Peyramale. Comme depuis longtemps elle était à Bartrès, et revenue seulement depuis peu à Lourdes, M. le Curé ne la connaissait pas encore, on la lui avait seulement montrée dans la rue. Il ne croyait pas à la réalité de ses visions, et il la reçut d'un air très sévère.

— « N'est-ce pas toi Bernadette, la fille de Soubirous, lui demanda-t-il durement.

— « Oui, monsieur le Curé c'est moi.

— « Eh bien Bernadette, que viens-tu faire ici ? Qu'est-ce que tu veux ?

— « Monsieur le Curé, c'est de la part de la Dame qui m'apparaît aux Roches Massabielle ».

Le Curé lui coupa la parole d'un ton rude.

— « Ah oui ! dit-il, tu fais courir tout le pays en prétendant que tu as des visions ! Qu'est-ce que c'est que ces histoires là ? Qu'est-ce qui prouve que tu dis la vérité ? »

Bernadette était peinée de cette rudesse, car M. le Curé passait pour être très bon avec tout le monde. Mais là comme devant M. Jacomet, elle ne se troubla point et fit simplement le récit de ce qui s'était passé.

Le Curé se sentait ému, mais il n'en laissa rien paraître.

Comme ce sont les prêtres qui sont chargés de nous guider dans la vérité quand il s'agit des choses religieuses, il faut qu'ils soient très prudents et prennent bien garde de ne pas se tromper, pour ne pas induire en erreur ceux qu'ils doivent éclairer. C'est pourquoi pendant longtemps ni M. le Curé de Lourdes, ni les autres prêtres, ni l'Évêque du diocèse ne parurent à la Grotte, ni ne se mêlèrent en rien aux événements qui passionnaient le pays.

L'abbé Peyramale continua d'interroger Bernadette.

— « Et tu ne sais pas le nom de cette Dame ?

— « Non, répondit l'enfant, elle ne me l'a point dit.

— « Les gens qui te croient, reprit l'abbé Peyramale, s'imaginent que c'est la Sainte Vierge. Mais sais-tu bien, ajouta-t-il d'une voix sévère et menaçante que si c'est faussement que tu affirmes la voir dans cette Grotte, tu prends le chemin de ne jamais la voir dans le Ciel ? Ici, tu prétends seule la voir. Là-Haut, si tu mens en ce monde, les autres la verront et toi, tu seras, pour ta tromperie, à jamais loin d'Elle, pour toujours dans l'Enfer.

— « Je ne sais point si c'est la Sainte Vierge, Monsieur le Curé, répondit la petite fille, mais je vois la Dame comme je vous vois, et Elle me parle comme vous me parlez. Et je viens vous dire de sa part qu'Elle veut qu'on élève une chapelle aux Roches Massabielle où elle m'apparaît.

« Le Curé regarda cette petite fille, lui intimant avec une si entière assurance cette demande formelle et, malgré son émotion d'auparavant, il ne put devant la chétive apparence de l'ambassadrice du Ciel, s'empêcher de sourire à cet étrange message. L'idée que cette enfant était dans l'illusion, succéda dans son esprit à l'émotion de son cœur, et le doute reprit le dessus.

« Il fit répéter à Bernadette les termes mêmes qu'avait employés la Dame de la Grotte.

— « Après m'avoir confié le secret qui me concerne et que je ne puis révéler, Elle a ajouté : « Et maintenant allez dire aux prêtres que je veux qu'on me bâtisse ici une chapelle. »

« Le Doyen de Lourdes garda un instant le silence. Après tout, songeait-il, c'est possible.

« Et cette pensée que la Mère de Dieu lui envoyait à lui, pauvre prêtre inconnu, un message direct, le remplissait d'agitation et de trouble. Puis il arrêtait les yeux sur l'enfant et se demandait : — Où donc est la garantie de cette petite fille, et qu'est-ce qui me démontre qu'elle n'est pas dans l'erreur ?

— « Si la Dame dont tu me parles est vraiment la Reine du Ciel, répondit-il à Bernadette, je serai heureux dans la mesure de mes forces de contribuer à lui faire élever une Chapelle ; mais ta parole n'est pas une certitude. Rien ne m'oblige à te croire. Je ne sais qui est cette Dame, et avant de m'occuper de ce qu'elle désire, je veux savoir si elle y a droit. Demande lui, par conséquent, de me donner quelque preuve de sa puissance.

« La fenêtre était ouverte et le regard du prêtre, plongeant sur le jardin, apercevait la végétation arrêtée et la mort momentanée que donne aux plantes les frimas de l'hiver.

« L'Apparition, me racontes-tu, a sous ses pieds un rosier sauvage, un églantier qui sort des Roches. Nous sommes au mois de février. Dis-lui de ma part que si Elle veut la chapelle, Elle fasse fleurir l'églantier.

« Et il congédia l'enfant. » (1)

----

(1) *Notre-Dame de Lourdes*, par Henri LASSERRE.

CHAPITRE XVI

Huitième Apparition (Mercredi 24 Février).

Le lendemain, en revenant de son rendez-vous quotidien avec la vision, Bernadette se rendit encore chez M. le Curé.

— « Eh bien ! l'as-tu vue encore aujourd'hui, demanda l'abbé Peyramale, et qu'est-ce qu'elle t'a dit ? »

— « Oui, je l'ai vue et je lui ai dit : M. le Curé vous demande de faire fleurir le rosier qui est sous vos pieds, parce que les prêtres ne me croient pas, et ne s'en rapportent pas à ma parole. Alors Elle a souri, mais sans répondre. Puis elle m'a dit de prier pour les pécheurs, et m'a commandé de monter jusqu'au fond de la Grotte. Elle a crié par trois fois les mots : Pénitence ! Pénitence ! Pénitence ! que j'ai répétés après Elle, en me traînant sur les genoux jusqu'au fond de

la Grotte. Là, Elle m'a révélé un second secret
pour moi seule, puis Elle a disparu.

— « Et qu'est-ce que tu as trouvé au fond de
la Grotte ?

— « Rien du tout. J'ai regardé, quand Elle a
été partie, car lorsqu'Elle est là, je ne regarde
qu'elle ! Et je n'ai vu que le rocher, et, par terre,
quelques brins d'herbe croissant dans la pous-
sière. »

Notons bien cela. *Il n'y avait rien au fond de
la Grotte, le sol en était sec et poussiéreux.* Notons-
le bien, car demain s'y passera un prodige par
lequel la Sainte Vierge donnera une preuve de
sa puissance bien autrement éclatante et magnifique que la floraison inutile du rosier, demandée
par le Curé Peyramale. Preuve de sa puissance
et en même temps de sa bonté infinie, preuve
qui demeure et demeurera toujours jusqu'à la fin
des siècles.

CHAPITRE XVII

Neuvième Apparition (Jeudi 25 Février).

Ce lendemain solennel était le jeudi 25 février. Il était 7 heures du matin.

Une multitude immense avait précédé à la Grotte Bernadette. Celle-ci arriva et se mit à genoux. Tous les hommes se découvrirent, beaucoup s'agenouillèrent comme l'enfant.

Nous empruntons au livre d'Henri Lasserre le récit de cette mémorable matinée.

« ... En ce moment, l'Apparition divine se manifestait à Bernadette, ravie soudainement en son extase merveilleuse. Comme toujours la Vierge, entourée de l'auréole lumineuse, se tenait dans l'excavation ovale du rocher.

« Bernadette la contemplait avec un sentiment d'amour indescriptible, un sentiment doux et profond qui inondait son âme de délices sans

troubler en rien son esprit, et sans lui faire
oublier qu'elle était sur la terre.

« La Mère de Dieu aimait cette enfant innocente. Elle voulut fortifier encore le lien qui
l'unissait à l'humble bergère afin que cette dernière au milieu des agitations de ce monde, sentit
à tout instant en elle-même, que la Reine des
Cieux la tenait invisiblement par la main.

— « Je veux vous confier, dit-elle, toujours
pour vous seule, un dernier secret que, pas plus
que les deux autres, vous ne révélerez à personne.

« Bernadette, dans la joie de son cœur, écoutait cette parole si douce, si maternelle et si
tendre, qui charmait, il y a près de deux mille
ans les oreilles filiales de l'Enfant Jésus...

« Et maintenant, reprit la Vierge après un
silence, allez boire et vous laver à la fontaine,
et mangez l'herbe qui pousse à côté.

« Bernadette, à ces mots de fontaine, regarda
autour d'elle. Nulle fontaine n'existait et n'avait
jamais existé en ce lieu.

« L'enfant sans perdre la Vierge de vue, se
dirigea donc tout naturellement vers le ruisseau
qui coulait devant la Grotte, et qui allait à travers les cailloux et les roches brisées, rejoindre
le Gave à quelques pas plus loin.

« Une parole et un geste de l'Apparition l'arrêtèrent dans sa marche.

— « N'allez point là, disait la Vierge, je n'ai
point dit d'y aller boire ; allez à la fontaine, elle
est ici.

« Et, étendant la main, elle montra du doigt à
l'enfant, au côté droit de la Grotte, ce même coin
desséché vers lequel la veille au matin, elle
l'avait fait déjà monter à genoux.

« Bien qu'elle ne vît à l'endroit indiqué et si
sec rien qui ressemblât à une fontaine, Bernadette obéit à l'ordre de la Vision céleste.

« La voûte de la Grotte allait en s'abaissant ;
donc, comme la veille, c'est sur ses genoux que
la petite fille gravit l'espace qu'elle avait à parcourir.

« Arrivée au terme, elle n'aperçut toujours
devant elle aucune apparence de fontaine. Tout
contre le roc poussaient çà et là quelques touffes
de cette herbe qu'on nomme la dorine.

« Soit sur un nouveau signe de l'Apparition,
soit par un mouvement intérieur de son âme,
Bernadette, avec cette foi simple qui plaît tant au
cœur de Dieu, se baissa et grattant le sol avec les
doigts, se mit à creuser la terre.

« Les spectateurs de cette scène ne voyant ni
n'entendant l'Apparition, ne savaient que penser
du singulier travail de l'enfant. Déjà, plusieurs
commençaient à sourire et à croire à quelque
dérangement dans le cerveau de la pauvre bergère.

« Tout à coup, le fond de cette petite cavité
creusée par l'enfant devint humide. Arrivant de
profondeurs inconnues à travers les roches de

marbre et les épaisseurs du sol, une eau mysté-rieuse se mit à sourdre goutte à goutte, sous les mains de Bernadette et à remplir ce creux, de la grandeur d'un verre, qu'elle avait achevé de creuser.

« Cette eau nouvelle venue, se mêlant à la terre ne faisait d'abord que de la boue, Berna-dette par trois fois essaya de porter à ses lèvres ce liquide bourbeux ; mais par trois fois son dégoût fut si fort qu'elle le rejeta sans se sentir la force de l'avaler. Cependant, elle voulait avant tout obéir à l'Apparition rayonnante qui domi-nait cette scène étrange, et à la quatrième fois, dans un suprême effort, elle surmonta sa répu-gnance. Elle but, elle se lava, elle mangea une pincée de l'herbe qui poussait au pied du rocher.

« En ce moment l'eau de la source franchit les bords du petit réservoir creusé par l'enfant, et se mit à couler en un mince filet vers la foule qui se pressait devant la Grotte.

« Quand Bernadette eut accompli ainsi que nous venons de le raconter tous les ordres qu'elle avait reçus, la Vierge arrêta sur elle un regard satisfait, et un instant après, Elle disparut à ses yeux.

« L'émotion de la multitude fut grande à ce prodige. Dès que Bernadette fut sortie de l'extase, on se précipita vers la Grotte. Chacun voulait voir de ses yeux le creux où l'eau avait surgi, sous la main de l'enfant. Chacun voulait y plonger son mouchoir et en porter une goutte à ses lèvres. De sorte que cette source naissante, dont on agrandissait peu à peu le terreux réservoir, prit bientôt l'aspect d'une flaque de boue liquide. La source, cependant, à mesure qu'on y puisait, devenait de plus en plus abondante, grandissant à vue d'œil ; d'heure en heure le jaillissement augmentait de volume, le lendemain il était déjà considérable. Au bout de quelques jours il avait atteint son plein développement, tel qu'il est aujourd'hui, où la source débite plus de cent mille litres d'eau par jour » (1).

Quelles furent la surprise et l'émotion des personnes qui, n'ayant pas assisté à la naissance de la source, vinrent le soir ou le lendemain matin à la Grotte, de voir sortir du sol rocheux desséché jusqu'alors, le flot jaillissant de cette eau miraculeuse qui s'était déjà creusé un lit, une rigole par laquelle elle allait se jeter dans le Gave !

La nouvelle de ce miracle s'était rapidement répandue dans tout le département, dans toutes les villes et dans les coins les plus reculés de la montagne, et à partir de ce moment, l'affluence des pélerins et des curieux prit un développement inouï.

L'émotion populaire était à son comble. On acclamait Bernadette quand elle passait, et la pauvre enfant se sauvait bien vite à la maison

____

(1) *Notre-Dame de Lourdes,* par Henri LASSERRE.

pour échapper à ces ovations qui étaient pour elle un véritable supplice. Elle ne pouvait plus dire un mot sans que ce fût répété, commenté, les uns s'en moquaient encore, les autres admiraient, même quand cela n'avait rien de remarquable, et le lendemain du jour où la source avait jailli sous ses mains, lorsqu'elle arriva comme tous les matins à la Grotte, des milliers de voix s'écrièrent : « Voilà la Sainte ! Voilà la Sainte ! »

Cela aurait pu donner de l'orgueil à Bernadette, mais la Sainte Vierge y veillait, et voulant nous montrer que nous ne sommes rien par nous-mêmes, et qu'elle même, la sainte petite fille innocente que la Vierge aimait ne pouvait rien toute seule, la Vierge ne parut pas.

CHAPITRE XVIII

Elle ne parut pas, la Vierge divine, mais la preuve de sa réalité était là ; la source de plus en plus abondante ; l'eau qui ruisselait sous les yeux de la multitude émerveillée ; et qui, dès le premier jour, opérait des guérisons et des miracles.

En effet, en voyant le jaillissement si inattendu de cette fontaine, l'idée était venue à tout le monde que cette eau miraculeuse était destinée à guérir les malades ; car la Sainte Vierge, comme Dieu, ne fait rien d'inutile et sans dessein.

Or, il y avait, à Lourdes, un pauvre ouvrier carrier nommé Louis Bourriette que tout le monde connaissait. Vingt ans avant, il avait eu la figure déchirée et l'œil droit à demi écrasé par l'explosion d'une mine ; et depuis, non seulement il ne voyait plus de cet œil, mais il souffrait énormément, et on en avait grand pitié, car c'était un brave homme, à qui cet état de santé rendait bien pénible et difficile de gagner sa vie.

Quand Bourriette entendit ce qui venait de se passer aux Roches Massabielle, il appela sa fille.

— Cours vite me chercher de cette eau, lui dit-il, si c'est la Sainte Vierge qui apparaît là, Elle n'a qu'à le vouloir pour me guérir.

L'enfant y courut, et rapporta un peu de cette eau qui, au commencement était boueuse, comme nous l'avons expliqué.

— Père, dit-elle, l'eau n'est pas claire elle est toute bourbeuse.

— Qu'importe, dit le père, qui se mit à prier. Puis, il frotta avec cette eau son œil malade, inguérissable...

Il frotta à plusieurs reprises. Soudain il jeta un grand cri : Il y voyait, il ne souffrait plus, il était guéri !

Le lendemain Bourriette rencontra le docteur Dozous !

— Je suis guéri, lui dit-il.

— C'est impossible, répondit le Docteur ; vous ne guérirez jamais. Le traitement que je vous fais suivre n'est que pour calmer vos douleurs, mais vous rendre la vue n'est pas possible.

— Ce n'est pas vous qui m'avez guéri, reprit le carrier ; c'est la Sainte Vierge de la Grotte.

Le docteur Dozous haussa les épaules.

— Il est certain, dit-il que Bernadette a des extases inexplicables; mais que l'eau jaillie de la Grotte par je ne sais quelle cause inconnue guérisse subitement des maux incurables, je ne le crois pas.

Les gens qui se promenaient s'étaient attroupés autour de Bourriette et du Docteur. Celui-ci écrivit quelques lignes au crayon sur son carnet; puis fermant d'une main l'œil gauche de Bourriette, il mit ce qu'il venait d'écrire sous son œil droit, l'œil qu'il croyait toujours perdu, incapable de rien voir. Et Bourriette lut tranquillement, avec cet œil, ce que venait d'écrire le Docteur : — Bourriette a une amorause incurable, il ne guérira jamais !

On ne peut dépeindre la stupéfaction du docteur Dozous ; mais il était consciencieux, et il proclama sans hésitation le miracle !

Ce n'était pas le seul : d'autres guérisons instantanées miraculeuses s'étaient produites dans d'autres maisons de Lourdes : Marie Baude, Bernarde Soubie, Fabien Baron avaient tout-à-coup quitté le lit de douleur où ils gisaient depuis des années, guéris subitement par l'eau de la Grotte. Jeanne Crassus, paralysée depuis dix ans, avait retrouvé le mouvement et la santé en plongeant sa main malade dans l'eau miraculeuse.

L'enthousiasme et la reconnaissance de la population étaient immenses ; les cantiques d'Action de Grâces éclataient joyeusement. Vers le soir, un grand nombre d'ouvriers de l'Association des Carriers, à laquelle appartenait Bourriette se rendirent aux Roches Massabielle et tracèrent dans le talus contre la Grotte, un sentier pour qu'on pût y accéder plus facilement.

Devant le trou d'où jaillissait la source déjà très forte, ils mirent une rigole en bois, au-dessous de laquelle ils creusèrent un petit bassin.

La foule entonna les litanies de la Sainte Vierge. Chacun avait eu la même pensée; pauvres, riches, hommes, femmes, tous avaient apporté des cierges ou des bougies; et toute la nuit la Grotte et les alentours furent éclairés de ces mille petites lueurs, prélude des magnifiques illuminations de Lourdes; et non moins agréables à Dieu que les splendeurs actuelles.

CHAPITRE XIX

Dixième Apparition (Vendredi 26 Février).

A son arrivée à la Grotte, Bernadette alla tout de suite à la nouvelle fontaine.

Après un signe de Croix, elle y avait bu et s'était lavé le visage et les mains.

S'étant essuyée avec un coin de son tablier, elle revint à l'entrée s'agenouiller sur la pierre plate dont elle avait l'habitude, et réciter son chapelet.

Et la Vierge lui apparut...

— « Vous baiserez la terre pour les pécheurs », lui dit-Elle ce jour-là. La foule, en voyant le geste de l'Enfant, l'imita. Tous s'agenouillèrent et baisèrent la terre ; et cette humble pratique est restée en usage à Lourdes.

Ce jour-là, (Vendredi des Quatre-Temps), l'Eglise catholique disait, à l'*Introït* de la messe :

« Seigneur, délivrez-moi de toutes mes passions, voyez mon humilité et mon labeur, et remettez-moi tous mes péchés. Seigneur ne nous traitez pas comme nous le mériterions à cause de nos péchés ; que votre miséricorde vienne à notre secours, car nous sommes pauvres et malheureux. »

CHAPITRE XX

Onzième, Douzième, Treizième Apparition
(Les 27, et 28 Février et le 1er Mars).

Ces jours-là, la Vierge causa intimement avec sa petite confidente ; et celle-ci ne révéla rien de leur entretien, sinon cet incident :

Une dame de la ville avait remis son chapelet à Bernadette, en lui demandant de s'en servir quand elle prierait devant la Grotte ; et Bernadette avait accepté de lui faire ce plaisir. Mais quand à la treizième Apparition, le matin du 1er mars, elle commença sa prière, la Vierge l'interrompit : « Vous vous trompez, lui dit-elle, ce chapelet n'est pas le vôtre ».

Bernadette remit le chapelet dans sa poche, et en tira le sien, qu'elle montra à la Vierge en tendant le bras.

Ce geste ayant étonné les personnes présentes, Bernadette leur en donna ensuite l'explication que nous venons de rapporter.

La source coulait toujours ; maintenant claire et limpide et les malades qui venaient y boire et s'y laver étaient guéris.

CHAPITRE XXI
Quatorzième Apparition (Mardi 2 Mars).

Ce jour-là, 2 mars, la Vierge enjoignit à Bernadette de retourner dire aux prêtres qu'elle ordonnait qu'on bâtit là une chapelle ; et Elle ajouta :

— « Je veux qu'on y vienne en procession ». Quoique bien intimidée de retourner chez M. le Curé qui ne la recevait pas trop bien, Bernadette n'hésita pas ; car lorsqu'on a un devoir à remplir, il n'y a pas à s'occuper si cela vous plaît ou non.

Mais la situation n'était plus la même ; la source qui avait jailli ; les guérisons, les miracles, avaient prouvé la sincérité de Bernadette et la réalité de l'Apparition. Il est vrai qu'elle n'avait point encore dit son nom, l'Apparition divine ; mais ses bienfaits le faisaient deviner.

— « Je te crois, répondit cette fois-ci M. le Curé à Bernadette ; mais pour une Chapelle et des processions, cela ne dépend pas de moi, mais de Monseigneur l'Évêque de Tarbes, et je lui transmettrai l'ordre de l'Apparition. »

CHAPITRE XXII

Quinzième Apparition (Jeudi 4 Mars).

Le jeudi 4 mars était le dernier jour de cette quinzaine que la Dame avait demandée à Bernadette.

Des milliers de personnes avaient passé la nuit dehors devant la Grotte éclairée de cierges ; attendant l'aurore et la venue de Bernadette. Tous les coteaux environnants, tous les champs, tous les rochers, les prés, étaient noirs de monde. Les arbres étaient couverts de grappes humaines, il y avait plus de vingt mille personnes.

M. Jacomet et le Procureur Impérial espéraient bien que quelque désordre ou accident pourrait se produire dans une si grande foule ; ne fût-ce que quelque maladroit glissant dans le Gave, ou un gamin trop audacieux dégringolant de la branche sur laquelle il serait perché, ce qui leur donnerait le prétexte d'interdire ces rassemblements comme dangereux pour la sécurité publique. Ils se tenaient donc là tous deux à guetter l'occasion.

Bien mieux, la veille, d'après les ordres venus de la Préfecture de Tarbes, à l'instigation de M. Jacomet ; le maire de Lourdes, M. Lacadé, avait écrit au Commandant du Fort de mettre à sa disposition les troupes de la garnison, et de les tenir prêtes à tout événement.

Les soldats en armes occupaient donc le chemin et les abords de la Grotte ; et ce fut entourée des gendarmes avec sabre au clair que Bernadette arriva aux Roches Massabielle. Mais soldats et gendarmes étaient croyants et émus, leur attitude respectueuse. Et leur présence, tout au contraire de ce qu'espérait l'Administratration, ne faisait qu'ajouter à la grandeur du spectacle, en formant comme une escorte d'honneur.

Comme c'était le dernier jour de la quinzaine, on s'attendait à ce que la Dame dirait son nom ; mais Elle ne le dit point encore !

« Ce nom, il fallait qu'il s'inscrivît auparavant sur la terre et qu'il se gravât dans les cœurs par d'innombrables œuvres de miséricorde. La Reine du Ciel voulait être devinée à ses bienfaits ; Elle entendait que la clameur reconnaissante de toutes les bouches la nommât et la glorifiât avant de répondre et de dire : « Votre cœur ne vous a pas trompés, c'est bien moi ! *Ego sum Mater,* c'est moi votre Mère (1) !

(1) *Notre-Dame de Lourdes,* par Henri LASSERRE.

Ce jour-là comme les jours précédents, l'Apparition avait commandé à Bernadette d'aller boire et se laver à la fontaine ; et de manger de cette herbe dont nous avons parlé ; puis Elle lui avait de nouveau ordonné de se rendre vers les prêtres et de leur dire qu'Elle voulait une Chapelle et des processions en ce lieu.

Puis Elle avait souri comme d'ordinaire en quittant l'Enfant, sans lui faire d'adieux. (1)

(1) M. Antoine Barbet, qui publia un très intéressant ouvrage d'après les documents rassemblés sur Lourdes par son père M. Jean Barbet raconte ceci : « Un prodige très étonnant fut celui qu'on remarqua le jeudi 4 mars vers huit heures du soir. Les gens qui se retiraient du marché virent tout-à-coup une lumière très vive dans les airs, sur la ville et autour de la Grotte. On aurait pu, tant la clarté était intense, voir et ramasser une épingle à quatre pas. Cette lueur dura deux ou trois heures et fut aperçue par tous ceux qui se retiraient, soit du côté de Saint-Pé, soit du côté de Tarbes. »

CHAPITRE XXIII

Nous empruntons à Henri Lasserre le récit suivant :

« Bien que la foule, ainsi que nous l'avons dit, eût été surtout immense le matin à l'arrivée de Bernadette, il ne faut pas croire que, durant le jour, la solitude se fût faite aux Roches Massabielle. Tout l'après-midi, ce 4 mars, un va et vient perpétuel eut lieu sur le chemin de cette Grotte, désormais célèbre, que chacun examinait en tous sens, devant laquelle on priait, dont quelques-uns détachaient des fragments pour en faire de pieux souvenirs.

« Ce jour-là vers quatre heures, il y avait encore cinq ou six cents personnes stationnant de la sorte sur les rives du Gave.

« En ce moment une scène déchirante se passait autour d'un berceau, dans une pauvre maison de Lourdes, où demeurait une famille de journaliers Jean Bouhohorts et Croisine Ducout, sa femme.

« Dans un berceau gisait un enfant de deux ans environ, infirme, mal constitué, n'ayant jamais pu marcher, constamment malade et épuisé depuis sa naissance par une fièvre lente, une fièvre de consomption que rien n'avait pu vaincre. L'enfant touchait à son heure dernière.

« Le père, calme dans sa douleur le regardait mourir. Une voisine, Françonnette Gozos, s'occupait déjà de préparer des linges pour ensevelir le corps, et en même temps elle s'efforçait de faire entendre à la mère des paroles de consolation.

Celle-ci était éperdue de douleur. Elle suivait avec anxiété les progrès de l'agonie.

« L'œil était devenu vitreux, les membres étaient dans une immobilité absolue, la respiration avait cessé d'être sensible.

— « Il est mort, dit le père.

« Françonnette Gozos dit à la mère : « Ma pauvre amie, allez pleurer auprès du feu pendant que tout à l'heure je le plierai dans ce linceul.

« Croisine Ducouts semblait ne pas entendre. Une idée venait de s'emparer de son âme et les larmes s'étaient arrêtées.

« — Il n'est pas mort, s'écria-t-elle et la Sainte Vierge de la Grotte va me le guérir.

— « La douleur la rend folle ! dit tristement Bouhohorts.

« La voisine et lui essayèrent vainement de

détourner la mère de son projet. Celle-ci venait de tirer du berceau le corps déjà immobile de l'enfant et l'avait enveloppé dans son tablier.

— « Je cours à la Vierge, s'écria-t-elle en se dirigeant vers la porte.

— « Mais ma bonne Croisine, lui disait son mari et Françonnette, si notre Justin n'est pas entièrement mort, tu vas le tuer tout à fait.

« La mère comme hors d'elle-même, ne voulut rien entendre.

— « Qu'il meure ici ou à la Grotte, qu'importe! laissez-moi implorer la Mère de Dieu.

« Et elle sortit emportant son enfant.

« Comme elle l'avait dit, « elle courait à la Vierge ». Elle marchait avec rapidité, priait à haute voix, invoquait Marie, ayant aux yeux de ceux qui la voyaient passer, les allures d'une insensée.

« Il était près de cinq heures. Quelques centaines de personnes se tenaient devant les Roches Massabielle.

« Chargée de son précieux fardeau, la pauvre mère perça la foule. A l'entrée de la Grotte, elle se prosterna et pria. Puis elle se traîna à genoux vers la source miraculeuse. Sa figure était ardente, ses yeux animés et pleins de larmes, toute sa personne en un certain désordre occasionné par l'extrême douleur.

« Elle etait arrivée près du bassin creusé par les carriers. Le froid était glacial.

— « Que va-t-elle faire? disait-on.

« Croisine tire de son tablier le corps tout nu de son enfant à l'agonie. Elle fait sur elle-même et sur lui le signe de la Croix. Et puis, sans hésiter, d'un mouvement rapide, elle le plonge tout entier, sauf la tête, dans l'eau glacée de la source.

Un cri d'effroi, un murmure d'indignation sort de la foule.

— « Cette femme est folle ! s'écrie-t-on de toutes parts. Et l'on se presse autour d'elle pour l'empêcher.

— « Vous voulez donc tuer votre enfant ? lui dit brutalement quelqu'un.

« Il semblait qu'elle fût sourde.

« Elle demeurait comme une statue, la statue de la Douleur, de la Prière et de la Foi.

« Un des assistants lui toucha l'épaule. La mère se retourna alors, tenant toujours son enfant dans l'eau du bassin.

— « Laissez-moi, laissez-moi ! dit-elle d'une voix à la fois énergique et suppliante. Je veux faire ce que je pourrai, le Bon Dieu et la Sainte Vierge feront le reste.

« Plusieurs remarquèrent la complète immobilité de l'enfant.

— « L'enfant est déjà mort, dirent-ils, laissons-la, c'est une mère que la douleur égare. . .

. . . .

« L'enfant durant cette longue immersion avait gardé l'immobilité du cadavre. La mère le replia dans son tablier et rentra chez elle en toute hâte.

« Le corps était glacé.

« Tu vois bien qu'il est mort, dit le père.

« — Non, dit Croisine, la Sainte Vierge le guérira.

« — Et la pauvre femme coucha l'enfant dans son berceau.

« Il y était à peine, que l'oreille attentive de la mère, s'étant penchée sur lui :

« Il respire, s'écria-t-elle. » (1)

L'enfant respirait en effet, et dormait d'un sommeil calme et profond.

Le lendemain, il se réveilla souriant, les joues roses et les yeux animés ; lui qui n'avait jamais pu marcher, il demanda à se lever et à se promener par la chambre ; n'osant croire à tant de bonheur, la mère refusa.

Un jour et une nuit se passèrent encore. Le jour suivant, les parents sortirent de grand matin pour vaquer à leur travail, laissant l'enfant paisiblement endormi.

Quand la mère rentra, le petit paralytique s'était levé tout seul ; il allait et venait dans la chambre, dérangeant les chaises et touchant à tout. Il courut se jeter dans les bras de sa mère, défaillante de joie.

Le père vint ensuite, puis Françonnette Gozos. qui avait préparé le linceul pour ensevelir le petit moribond ; ils ne pouvaient en croire leurs yeux.

Henri Lasserre ajoute dans son récit que, dix

---

(1) *Notre-Dame de Lourdes,* par Henri Lasserre

ans après, il voulut voir le petit Justin. Celui-ci n'avait point eu de rechute. Il était grand, fort, bien portant, seulement sa mère se désolait de ce qu'il aimait trop à courir, et faisait parfois l'école buissonnière.

Nous ajouterons, nous, d'après les « Annales de Notre-Dame de Lourdes », qu'en 1920, le « petit » Justin, certainement assagi, car âgé de 64 ans, se présenta au bureau des constatations, le chapelet à la main, rappelant sa guérison miraculeuse et la parfaite santé dont il avait joui toute sa vie depuis lors.

D'autres guérisons continuaient à se produire de tous côtés. Il serait impossible de les rapporter en détail, à cause de leur nombre.

Indiquons cependant, dans les procés-verbaux de la Commission, nommée plus tard pour examiner ces événements, quelques-unes des guérisons qui eurent lieu vers cette époque ; qui furent authentiquement vérifiés et dont la renommée se répandit par conséquent dès l'origine dans tout le pays.

Le restaurateur Blaise Maumus avait vu disparaître et se fondre en plongeant la main dans la source, une loupe énorme qu'il avait à l'articulation du poignet.

La veuve Crozat, sourde depuis vingt ans à ne pas entendre les cloches de l'église, avait soudainement recouvré l'ouïe en faisant usage de cette eau.

Auguste Lordes, boiteux depuis de longues années à la suite d'un accident, avait été favorisé d'un semblable prodige ; sa jambe infirme s'était redressée tout à coup, et avait retrouvé dans l'onde miraculeuse, sa force et sa forme naturelles.

Tous les gens que nous venons de nommer étaient de Lourdes, et chacun pouvait se rendre compte de ces faits extraordinaires arrivés dans l'espace de quelques jours à peine.

A supposer qu'il fût sincère dans son parti pris de négation, le Parquet de Lourdes avait dans ces miracles publiquement attestés et proclamés, une excellente occasion de faire une enquête sévère et de poursuivre, s'il y avait lieu, les auteurs ou propagateurs de ces nouvelles si elles avaient été fausses. Rien n'était plus facile que de prendre l'imposture en flagrant délit, s'il y avait eu imposture. Ces guérisons, en effet n'échappaient point, comme les Apparitions que Bernadette voyait seule, au contrôle de chacun. Ces faits tombaient sous les sens, il y en avait déjà une trentaine au bout de ces quelques jours. Ils étaient à la portée de qui voulait les examiner, dans ce petit pays où tout le monde se connaissait.

Aussi, cela ne faisait pas l'affaire de M. Jacomet, de M. le Préfet, et tutti quanti, le diable y compris !

Les aveugles voyaient, les sourds entendaient, les paralytiques marchaient, la source coulait, chantante et limpide.

Comment faire ?

Pour empêcher la source de couler, les malades d'être guéris, la Sainte Vierge de répandre ses grâces et de faire ses miracles ?

Ils étaient tous bien embarrassés, quoique le démon ait plus d'un tour dans son sac.

CHAPITRE XXIV
Seizième Apparition (Jeudi 25 Mars)

Les quinze jours demandés par la « Dame » étant écoulés ; Bernadette retournait prier à la Grotte, mais à des heures différentes.

Elle s'efforçait de passer inaperçue. On avait élevé un petit autel dans la Grotte, avec des fleurs et des cierges. Les miracles continuaient de plus belle.

Benoîte Cazeaux, alitée depuis trois ans avec la fièvre et des douleurs qui la tenaient immobile avait vu son mal disparaître d'un seul coup, après avoir bu un verre d'eau de la Grotte.

Blaisette Soupenne avait une maladie des yeux non seulement douloureuse, mais horrible à voir les paupières éraillées étant complètement retournées en dehors et couvertes d'excroissances. La malheureuse femme avait fait sans succès tous les remèdes du monde. Abandonnée des médecins, elle avait prié « la Dame de la Grotte » de la guérir, et elle avait été guérie, toutes les traces de son mal avaient disparu.

On disait encore : « la Dame de la Grotte », mais on était de plus en plus convaincu que cette Dame était la Sainte Vierge qui seule, pouvait disposer de cette puissance divine.

On s'attendait à ce qu'elle revînt encore, à ce qu'elle révélât son nom ; ce qui permettrait aux prêtres d'exécuter ses ordres, de bâtir la Chapelle, de faire des processions, et consacrerait son pouvoir et sa bonté.

Cette révélation solennelle eut lieu le 25 mars, fête de l'Annonciation, du jour où l'Ange Gabriel était venu annoncer à Marie qu'elle serait mère de Dieu.

Bernadette, au matin, sentit en son cœur ce pressentiment joyeux, cet appel intérieur qu'elle connaissait bien ; et, émue de bonheur, elle se rendit à la Grotte. La Dame, entourée de l'auréole de lumière céleste y apparut « toute souriante » a dit Bernadette ; et promenant un regard maternel sur les personnes assemblées à prier.

« Quelque chose, raconta l'enfant, me poussait irrésistiblement à lui demander encore son nom, mais comme je n'avais jamais eu de réponse, je craignais de lui déplaire. »

Bernadette cependant s'y hasarda. « O ma Dame, dit-elle, voulez-vous me dire qui vous êtes, et quel est votre nom ? »

Cette fois encore, la divine Apparition sourit, et cette fois encore ne répondit pas.

Bernadette insista « O ma Dame, ayez la bonté de me dire qui vous êtes, et quel est votre nom. »

Et l'Apparition ne répondit point encore, voulant nous montrer, peut-être, la persévérance que nous devons avoir dans la prière, et qu'il ne faut pas se décourager, si parfois Dieu et la Sainte Vierge ne semblent pas nous entendre; mais continuer à prier.

C'est ce que fit Bernadette : « O ma Dame, supplia-t-elle pour la troisième fois, veuillez avoir la bonté de me dire qui vous êtes, et quel est votre nom. »

Et la Vierge ne répondait toujours pas...

Mais Bernadette, ardemment, quoique humblement, redouble ses instances : « O ma Dame, je vous en prie, veuillez avoir la bonté de me dire qui vous êtes, et quel est votre nom ! »

Alors l'Apparition ouvrit les bras et les étendit vers le sol, « comme pour montrer à la Terre ses mains virginales remplies de grâces » ; puis les joignant avec ferveur, Elle les éleva vers le Ciel avec un regard d'une inexprimable gratitude, et Elle prononça ces mots :

Je suis l'Immaculée Conception.

Puis Elle disparut.

La foule anxieuse attendait que Bernadette parlât, chacun ayant le pressentiment que le mystère du nom de la Dame serait dévoilé cejour-là.

Lorsque Bernadette répéta les paroles révélant que c'était bien la Vierge Marie, Mère de Dieu, qui descendait sur ce coin de la Terre, un saisissement indéfinissable et un enthousiasme indescriptible s'emparèrent des assistants ; tous tombèrent à genoux, et la splendide, la divine nouvelle volant de bouche en bouche, quelques minutes après l'Apparition, tout Lourdes la connaissait. En se rencontrant dans la rue, les habitants se serraient la main et se félicitaient de l'immense honneur que la Reine des Cieux faisait à leur Ville. Quant aux pèlerins étrangers, ils ne pouvaient pas s'arracher de la Grotte ; ce ne fut qu'à la nuit qu'ils se dispersèrent, portant la grande nouvelle dans toutes les directions.

Bernadette, seule, dans son ignorance, n'avait pas compris. Elle entendait pour la première fois ces mots « Immaculée Conception » et afin de ne pas les oublier jusqu'au presbytère où elle se rendait, elle répétait à chaque pas, en patois comme la Vierge l'avait dit : « *Que soy er Immaculado Counceptiou* », car elle voulait « porter tout de suite à M. le Curé le nom de la Dame, afin que la Chapelle se bâtit. »

Ce fut M. le Curé qui lui apprit que celle qui s'intitulait ainsi était la Sainte Vierge, pour exprimer qu'Elle, Elle seule, ne fut jamais atteinte de la tache du péché originel dont tous nous naissons souillés depuis la chute d'Adam. C'était la confirmation, par la Vierge elle-même, du dogme proclamé quatre ans auparavant, par le

Pape Pie IX, chef de l'Église Catholique Universelle.

La Dame de Massabielle, « l'Immaculée Conception » était bien celle que l'Ange avait saluée « pleine de Grâces » en ce jour de l'Annonciation, celle que nous invoquerons ainsi jusqu'à notre dernier soupir.

« Sainte Marie, Mère de Dieu, priez pour nous pauvres pécheurs, maintenant et à l'heure de notre mort. Ainsi soit-il. »

CHAPITRE XXV

Pour ne pas trop couper notre récit, nous ne nous sommes pas arrêtés, lors de la huitième Apparition, à des paroles cependant bien significatives de la Sainte Vierge à Bernadette, et il nous faut y revenir.

Pénitence! Pénitence! Pénitence! avait-Elle crié par trois fois. Et l'enfant répéta ces paroles, après Elle à haute voix.

Ce que Bernadette disait pendant ses extases n'était pas entendu des assistants, nous l'avons expliqué, mais ces paroles-là le furent par exception, la Sainte Vierge voulant évidemment leur donner une solennité toute spéciale, et montrer qu'elles s'adressaient à tous.

Nous avons péché, tous, petits et grands, pauvres et riches, et il nous faut faire pénitence, pour notre salut, pour le salut de notre Patrie, pour le salut du monde.

Des saints et des saintes, par pénitence, se sont retirés dans les déserts sauvages, d'autres se sont roulés dans les épines, déchirés de coups de fouet et de discipline, privés volontairement de dormir, de boire, de manger, jusqu'à l'exténuement.

Est-ce donc là ce que la Sainte Vierge a voulu demander de nous ?

Non. « Il y a des saints, a dit saint François de Sales, que nous devons beaucoup admirer et bien nous garder d'imiter. »

Car ces saints-là ont reçu de Dieu une vocation très haute, mais très spéciale, et pour l'immense majorité des humains (je crois que c'est encore saint François de Sales qui l'a dit) les meilleures pénitences ne sont pas celles que l'on choisit soi-même, ce sont celles que Dieu envoie : Contrariétés, déceptions, travail ennuyeux, devoir d'obéir quand on n'en a pas envie, d'être complaisant et aimable quand on se sent de mauvaise humeur...

Maladies, privations, chagrins : jeunes et vieux, riches et pauvres, nous en avons tous notre part. Si nous l'acceptons de bon cœur, sans grogner, avec douceur et courage, nous faisons là la pénitence ordonnée par la Sainte Vierge et agréable à Dieu.

Et qu'est-ce que nous gagnerions à ne pas l'accepter de bon cœur, notre part d'épreuves, de souffrance, de travail ? Cela n'en serait pas moins ! Nous en perdrions le mérite et ce serait bien plus difficile à supporter, voilà tout !

Bernadette nous donne l'exemple. Elle était malade, accusée injustement, insultée, persécutée, menacée ; d'une pauvreté extrême, et avec tout cela elle ne se plaignait jamais et elle était gaie ! Parce que tout cela, c'était Dieu qui le permettait. — « Je souffre beaucoup, mais je suis contente de souffrir », dira-t-elle plus tard, un peu avant sa mort.

« Contente... » *se contenter de son sort,...* en remercier Dieu sans désirer ce qu'on n'a pas. Voilà la vraie bonne pénitence, et en même temps le meilleur, le *seul* moyen d'être aussi heureux que possible sur la terre, où il n'y a point de bonheur parfait, qu'on le sache bien, car c'est réservé pour le Ciel.

CHAPITRE XXVI

Dix-Septième Apparition (7 Avril).

Cette année-là, la Fête de Pâques était le 4 avril.

Les miracles avaient continué à Lourdes et toute la population avait à cœur de se montrer digne des bienfaits du Ciel répandus dans le pays.

Des pécheurs endurcis se convertissaient, les confessionnaux étaient assiégés de monde, des voleurs et des usuriers restituaient, des scandales prirent fin, et voici ce que remarque Henri Lasserre et qui n'était jamais arrivé auparavant : pendant six mois, il n'y eut rien à juger aux assises ; il n'y avait plus de malfaiteurs ni de criminels. La session de Mars eut une seule affaire à examiner, affaire antérieure à cette époque et dans laquelle l'accusé fut reconnu innocent.

La police et la magistrature étaient aussi vexées de cet état de choses que du bon ordre qui régnait dans les foules de la Grotte ; car, dit textuellement et malicieusement le même auteur, « si un exemple aussi fatal se généralisait, les Procureurs n'auraient plus de raison d'être, les commissaires de police s'évanouiraient, et les Etoiles préfectorales elles-mêmes commenceraient à pâlir ».

Il oublie dans cette énumération le désastre qui résulterait pour les huissiers ; les avoués et les avocats défenseurs de la veuve et de l'orphelin, si ceux-ci n'avaient plus besoin d'être défendus !

Mais ne plaisantons plus, et admirons les effets de la grâce du Bon Dieu, sitôt qu'elle rencontre un peu de bonne volonté.

Le 7 avril, Bernadette sentit encore en son cœur l'assurance qu'elle allait revoir la Sainte Vierge. Elle se rendit à la Grotte, suivie d'une foule immense et s'agenouilla.

C'est ce jour-là que s'accomplit, aux yeux émerveillés de la foule, un fait qui paraîtrait bien étonnant si la Grotte n'était pas le lieu des miracles.

Bernadette avait à la main un grand cierge allumé qu'on lui avait donné. Le cierge reposait par terre, et elle en soutenait le bout allumé avec ses doigts.

Mais la Vierge parut, et Bernadette, inconsciemment, par un mouvement instinctif de vénération, joignit les mains en les élevant un peu, de sorte que ses mains jointes se trouvèrent reposer sur le haut du cierge dans la flamme. Et la flamme se mit à passer entre ses doigts entrelacés en oscillant comme fait la flamme en plein air. Bernadette ne s'en apercevait même pas, tout occupée de la Vision, et la flamme ne lui fit aucun mal.

Cela dura un peu plus d'un quart d'heure, a dit le docteur Dozous qui se trouvait là et avait tiré sa montre.

Quand Bernadette fut sortie de son extase, on regarda ses mains, elles n'étaient ni brûlées ni noircies et sans trace aucune. Quelqu'un alors reprit le cierge toujours allumé et l'approcha des mains de l'enfant.

— « Mais Monsieur vous me brûlez ! » s'écria celle ci en retirant vivement sa main.

C'est ce qu'on a appelé « le miracle du cierge ». Il y avait ce jour-là près de dix mille personnes devant la Grotte, quoique ce ne fût pas comme pendant la quinzaine où on était prévenu à l'avance que Bernadette viendrait.

CHAPITRE XXVII

Ce n'était pas seulement à Lourdes même que les miracles avaient lieu. Des malades qui ne pouvaient pas y venir, se faisaient apporter de l'eau de la Grotte, et ils étaient guéris aussi !

Parmi eux un enfant de 15 ans, nommé Henri Busquet, dont l'état était épouvantable. Le petit malheureux avait eu une fièvre typhoïde, à la suite de laquelle il s'était formé au côté droit du cou, un abcès qui avait gagné la poitrine et le bas de la joue ; et on peut dire que le pauvre garçon était comme une pourriture vivante. Il souffrait horriblement et tout ce qu'on faisait pour guérir son mal ne faisait que l'empirer.

Il avait entendu parler des effets miraculeux de l'eau de la Grotte, et il suppliait ses parents de l'y laisser aller ; mais quoique n'habitant pas loin (dans les Basses-Pyrénées) les parents trouvaient qu'il était trop malade pour risquer ce court voyage.

Henri était « poursuivi par l'idée que la Vierge pourrait le guérir ! » Il pria donc une voisine qui allait à Lourdes de lui apporter de l'eau, ce qu'elle fit volontiers.

Le Docteur lui avait défendu de jamais se servir d'eau froide ; mais vous pensez qu'en un pareil moment on ne s'occupait guère de l'avis du Docteur. Le soir venu, Henri s'agenouilla entre son père et sa mère, entourés des autres enfants ; ils prièrent ensemble, puis le jeune malade, avant de se coucher, enlève les linges qui couvraient son horrible ulcère et lave la plaie abondamment avec l'eau miraculeuse. Puis il se couche et s'endort.

Le lendemain matin, ô merveille ! Il ne sent aucune douleur. Il regarde : ses plaies avaient disparu ; il ne restait qu'une grande cicatrice ; la guérison avait eu lieu, entière et complète.

D'innombrables faits de ce genre seraient à citer. Les miracles étaient incessants. La source coulait toujours avec abondance et régularité ; preuve éclatante et toujours visible de la puissance de la Sainte Vierge et de la réalité de ses Apparitions. L'affluence des visiteurs et pélerins à la Grotte continuait ; mais jamais le moindre désordre ne se produisit dans cette foule pieuse et recueillie ; des cantiques et des prières à la Sainte Vierge, voilà les seules choses qu'entendaient M. Jacomet et sa police toujours sur pied.

Au début, la corporation des carriers avait creusé devant la source un petit canal et un bassin pour recevoir l'eau et l'empêcher de déborder de tous côtés avant de gagner le Gave, nous l'avons déjà dit. C'était dans ce bassin que Croisine Ducout avait immergé son enfant. Depuis, ils avaient élargi les sentiers par lesquels on accédait à la Grotte ; c'était un travail considérable, il fallait faire sauter des quartiers de roche à la mine ; creuser, piocher, brouetter. Ils faisaient cela le soir, en dehors de leurs heures de travail. Quand on leur demandait :

— Qui vous payera ? — La Sainte Vierge, répondaient-ils.

Puis avant de s'en retourner chez eux, ils descendaient faire ensemble leur prière à la Grotte, qui prenait peu à peu l'apparence d'une petite chapelle ; on y faisait brûler des cierges, on y déposait des fleurs, des images, des statuettes comme ex-votos, en signe de reconnaissance pour les grâces obtenues.

On y jetait aussi de l'argent pour construire la chapelle ordonnée par la Sainte Vierge. Les ouvriers avaient fait une petite barrière pour protéger ces objets contre les accidents que la foule pressée dans la Grotte eût pu rendre possibles.

Mais naturellement le diable ne désarmait toujours pas. Il était de plus en plus furieux de tant de miracles, de piété et de belles choses ; et il excitait de plus belle les méchants.

Longtemps, ceux-ci avaient conservé l'espoir que Bernadette et ses parents si pauvres auraient accepté des secours de la charité, afin d'en prendre prétexte pour les accuser de jouer une comédie pour avoir de l'argent ; mais jamais ils n'avaient rien, rien accepté, ni argent, ni le moindre cadeau, même pas des souvenirs pieux que des prêtres insistaient pour laisser à Bernadette.

Des Couvents, maisons d'Education pour jeunes filles du monde, ouvraient leurs portes à Bernadette. Une famille très honorable et très riche avait même proposé de l'adopter sans la séparer de ses parents et de ses frères et sœurs qui auraient ainsi participé à sa fortune; ce fut refusé comme le reste.

Un jour, un de ses petits frères accompagna à la Grotte des étrangers qui ne connaissaient pas le chemin, en portant un bidon qu'ils voulaient remplir de l'eau de la fontaine. Pour sa peine, ils donnèrent à l'enfant une pièce de deux francs que, tout joyeux il rapporta au logis. Mais au logis on le renvoya bien vite reporter cet argent aux donateurs ! Comme il résistait, un vigoureux soufflet eut raison de la résistance du pauvre gamin, que Bernadette fouilla même à son retour, de peur qu'il n'ait succombé à la tentation de garder les deux francs. Mais non, il les avait bien rendus !

Jamais aucun d'eux n'accepta rien, malgré leur misère si grande qu'ils souffraient souvent de la faim, et qu'on le voyait sur leurs visages amaigris.

L'affluence du monde qui venait les voir augmentait au contraire leur pauvreté en empêchant souvent les parents d'aller à leur travail. Mais quand on voulait les en dédommager ; ce qui eût été naturel, il était impossible de vaincre leur résistance.

On a toujours pensé qu'ils obéissaient ainsi à une recommandation spéciale de la Sainte Vierge à Bernadette. Car il est dans l'ordre établi par Dieu que les pauvres soient secourus par les riches. L'obligation de l'aumône est un commandement strict, absolu : Notre-Seigneur Jésus-Christ a déclaré de la façon la plus formelle que les riches qui n'auraient pas pitié des pauvres iraient en enfer ; qu'il n'y aurait pas de miséricorde pour ceux qui n'auraient pas eu de miséricorde !

Nous devons donner selon nos moyens ; ceux qui ont beaucoup doivent donner beaucoup ; ceux qui ont peu, donner ce qu'ils peuvent.

Un jour, Notre-Seigneur, pendant qu'il était sur la terre, regardait avec ses disciples les gens qui apportaient leur offrande au Temple. Il y avait là des pharisiens qui donnaient de l'or et de grosses sommes avec ostentation, pour se faire admirer. Or, il arriva à un moment une pauvre veuve, qu'on représente généralement avec un petit enfant dans les bras et un autre accroché à sa robe ; et elle donna un denier.

Un denier, c'était une très petite monnaie de ce temps-là ; c'était très peu de chose... peut-être comme si nous disions, à présent, quelques sous...

Et les disciples méprisaient cette femme et se moquaient de cette piêtre aumône. Mais Jésus, qui connaît tout ce qu'on pense, les réprimanda et loua la charité de cette femme, « car, dit-Il, tous les autres ont donné de leur superflu et elle, elle a donné de ce qui lui était nécessaire pour vivre ».

Les autres avaient donné sans que leur aumône les privât de rien ; et la veuve s'était privée de manger ce jour-là, sans doute, afin d'offrir son pauvre petit denier.

Il ne faut pas croire que ce soient seulement les grandes personnes qui soient obligées de faire l'aumône ; c'est aussi bien un commandement pour les enfants dans la mesure où cela leur est permis par leurs parents. Se priver d'un plaisir pour en donner le prix aux pauvres, d'un jouet, ou partager ses bonbons avec des enfants qui n'en ont jamais, c'est méritoire aux yeux de Dieu ; ce sera récompensé « au centuple », car Jésus a dit qu'il récompenserait même un verre d'eau froide donné pour l'amour de Lui, et Il a dit aussi : « Tout ce que vous ferez pour le moindre de mes frères c'est comme si vous me le faisiez à moi-même ».

Enfin, dans cette grande question de l'aumône, se souvenir aussi du vers célèbre :

« La façon de donner, vaut mieux que ce qu'on donne ».

L'aumône étant donc une loi fondamentale de la vie chrétienne, et imposée par Dieu, il est évident que Bernadette et ses parents avaient reçu des ordres exceptionnels de la Sainte Vierge pour agir comme ils le faisaient ; ce qui déjouait les projets diaboliques que nous avons dits.

CHAPITRE XXVIII

Etant donc avéré que Bernadette ne recevait ni cadeaux ni argent, le Préfet, les Magistrats, les mauvais journaux cherchaient autre chose pour la perdre. Décidément leur idée fixe était de la mettre en prison.

Continuellement, le procureur Dutour ou le commissaire Jacomet la faisaient venir avec quelque autre de la famille pour les insulter et menacer. Bernadette racontait ainsi une de ces comparutions. C'était chez le Procureur Impérial, où elle avait été mandée avec sa Mère.

— « Ma pauvre Mère pleurait, écrivait plus tard Bernadette, et ses larmes tombèrent avec abondance lorsqu'elle comprit qu'on allait nous mettre en prison. Moi je la consolais en lui disant : Vous êtes bien bonne de pleurer parce que nous allons en prison, puisque nous n'avons fait aucun tort à personne ! »

Le Procureur n'osa pas mettre sa menace à exécution.

La police épiait tous les Soubirous, parents, enfants, sans relâche, et le jour et la nuit. Ils ne pouvaient pas faire un pas sans être suivis, et la nuit on voyait des personnages mystérieux, « collés à la porte et à la fenêtre du pauvre « cachot », pour regarder à travers les fentes ce qui pouvait bien s'y passer.

Pour légitimer cette odieuse inquisition et discréditer cette famille, les policiers essayaient de faire croire que les Soubirous étaient des voleurs qu'ils étaient obligés de surveiller. Combien de larmes cette calomnie coûta-t-elle à ces pauvres gens, qui ne l'ignoraient point !

Malgré toutes ces infamies, le prétexte manquait toujours pour arrêter Bernadette. La pauvre petite n'avait jamais fait aucun mal et n'en faisait aucun.

Le matin, on la voyait sortir de la maison pour se rendre à l'école ; elle portait dans un vieux panier à demi-défoncé qui s'appelait un « cabas », un morceau de pain noir, son bas à tricoter et l'alphabet en assez triste état, dans lequel elle apprenait à lire plutôt péniblement. Ses études n'avançaient pas beaucoup, et elle ne fut jamais une savante.

Elle était appliquée et sage pendant la classe ; cependant on raconte ceci qui arriva un jour :

Quelqu'un lui avait conseillé de priser du tabac pour guérir son asthme ; Bernadette avait donc une tabatière et consciencieusement, de temps en temps, s'introduisait dans les narines la poudre réputée efficace ; ce qui amusait beaucoup ses petites compagnes.

Or, un jour pendant la classe, voici un éternuement qui part d'un bout de la salle, puis un second de l'autre côté ; puis toutes les petites filles qui se mettent à éternuer à l'unisson. La maîtresse était consternée.

— Qu'arrive-t-il à ces enfants ? pensait-elle ; quelle épidémie subite éclate ainsi inopinément ?

Mais comme personne n'avait l'air bien malade, et qu'on avait l'air de s'amuser beaucoup, au contraire ; la bonne religieuse découvrit la chose : Bernadette avait fait circuler sa tabatière de banc en banc ; de là cet effet sternutatoire qui inquiétait l'excellente sœur.

Sans doute qu'on fut un peu grondé. Mais si l'histoire vint aux oreilles de M. le Procureur et de M. le Commissaire, ils durent renoncer, en cherchant dans leurs Codes, à y trouver aucun article autorisant la prison pour semblable méfait.

A la récréation, Bernadette jouait de tout son cœur. Les jeux en faveur à l'école étaient les barres, la main chaude, pigeon vole, la corde à sauter. Tout ce qu'elle aimait le mieux, elle, c'étaient les grandes rondes dansées en chantant.

Souvent, la récréation était interrompue pour elle par des étrangers venus à la Grotte qui voulaient la voir et l'interroger. Elle racontait alors simplement et sincèrement comme toujours, les Apparitions merveilleuses; et personne ne pouvait plus en douter, à présent, devant les miracles et devant cette Fontaine, venant des roches de marbre et jaillissant du sol jadis desséché.

Cependant, quelquefois il y avait des gens qui essayaient de discuter avec elle; elle répondait simplement : « La Sainte Vierge m'a chargée de vous dire cela, Elle ne m'a pas chargée de vous le faire croire! »

Un jour, un de ces incrédules, pour faire de l'esprit lui dit :

— « Comment la Sainte Vierge a-t-elle pu t'ordonner de manger de l'herbe? Elle te prenait donc pour une bête? »

— « Est-ce que vous pensez cela de vous toutes les fois que vous mangez de la salade? » lui répondit Bernadette.

CHAPITRE XXIX

— Eh ! qui sait si, même quand il ne mangeait pas de salade, la comparaison avec une bête aurait été à l'avantage de ce Monsieur ?

Car les bêtes, elles, n'ont jamais résisté aux manifestations divines. L'ânesse de Balaam contraignit celui-ci à obéir à l'Ange. Le bœuf et l'âne adorèrent le petit Jésus tout de suite, en même temps que les Anges, quand il naquit dans l'étable, la nuit de Noël.

Les bœufs de Bétharram s'arrêtèrent respectueusement, là où il leur était révélé qu'une statue de la Sainte Vierge était enfouie dans la terre.

Les animaux pourraient souvent servir d'exemple aux hommes ; et saint François de Sales raconte qu'il fut touché jusqu'aux larmes de la leçon de charité et de bonté donnée par des pigeons, dont il fut témoin un jour d'hiver au château de Sales, demeure de sa famille. Il s'exprime ainsi qu'il suit, dans le français un peu différent du nôtre qui était le langage de ce temps-là :

— « Il avait fort neigé », écrivait-il, « et la cour était couverte d'un grand pied de neige. Jean vint au milieu et balaya certaine place emmi la neige ; et jeta là de la graine à manger pour les pigeons, qui vinrent tous ensemble à ce réfectoire-là, prendre la réfection avec une paix et un respect admirables, et je m'amusai à les regarder. Vous ne sauriez croire la grande édification que ces petits animaux me donnèrent ; car ils ne dirent jamais un seul petit mot (1) et ceux qui eurent plus tôt fait leur réfection s'envolèrent là auprès pour attendre les autres. Et quand ils eurent vidé la moitié de la place, une quantité d'oisillons qui les regardaient vinrent là autour d'eux, et tous les pigeons qui mangeaient encore se retirèrent en un coin pour laisser la plus grande part de la place aux petits oiseaux, qui vinrent aussi se mettre à table et manger, sans que les pigeons s'en troublassent ! J'admirais leur charité, car les pauvres pigeons avaient si grand peur de fâcher ces petits animaux auxquels ils donnaient l'aumône, qu'ils se tenaient tous rassemblés en un bout de la table. J'admirais aussi la discrétion de ces petits mendiants qui ne vinrent demander l'aumône que quand ils virent que les pigeons étaient sur la fin du repas et qu'il y avait encore des restes à suffisance. En somme, je ne pus m'empêcher d'en venir aux larmes de

(1) C'est-à-dire qu'il n'y eut pas la moindre velléité de querelle entre eux. Dans certaines provinces « se dire des mots » signifie encore se disputer.

voir la charitable simplicité des pigeons, et la confiance des petits oiseaux en leur charité ; je ne sais si une prédication m'eût touché si vivement. Cette image de vertu me fit grand bien tout le jour... »

Oui, les bêtes sont souvent meilleures que nous. Que de jolies histoires il y a, concernant les rapports de ces pauvres animaux avec Dieu et avec ses saints !

Nous en reparlerons certainement un jour, quand notre histoire de Bernadette sera finie. Mais puisque l'occasion s'en trouve, disons tout de suite ceci :

La méchanceté, la dureté envers les animaux est un des actes les plus lâches ; jamais cela ne devrait se rencontrer en France, le pays chevaleresque de toutes les générosités, le pays favorisé de la Sainte Vierge. Et c'est chose si grave que saint Thomas d'Aquin, le grand Docteur de l'Église a dit :

« Nous devons prendre soin des animaux..., de telle sorte qu'au jour du Jugement ils ne viennent pas témoigner de notre méchanceté ; car les animaux maltraités viendront déposer contre leurs bourreaux au Tribunal de Dieu. » (1)

(1) Lire l'intéressant ouvrage du même auteur : *Loi Divine et loi Française.* — Teillon, éditeur.

CHAPITRE XXX

Devant ses insuccès contre la Sainte Vierge,
M. le préfet Massi devenait enragé.

Il avait écrit au Ministre des Cultes, qui s'appelait M. Rouland ; et celui-ci l'avait encouragé
à sévir impitoyablement pour étouffer toutes ces
histoires d'Apparitions, miracles et manifestations de la bonté divine, « lesquelles », disait
M. le Ministre (comme M. le Préfet) « faisaient
du tort à la Religion » ! ! !

La justice était impuissante à supprimer Bernadette ; mais lui, M. le Préfet, avait à sa portée
un autre moyen d'y arriver. Ce n'était plus de
traiter Bernadette comme une criminelle, mais
comme une aliénée ; ce qui ne regarde plus la
Magistrature mais l'Administration.

Oh ! l'idée n'est pas nouvelle, de faire passer
pour fous les gens dont on veut se débarrasser.
Notre-Seigneur Jésus-Christ, qui a voulu subir
tous les genres d'épreuves et de douleurs afin de

nous apprendre comment les supporter ; Notre-Seigneur Jésus-Christ, dis-je, a accepté pendant sa Passion, d'être traité d'insensé, et revêtu de la robe des fous.

Jeanne d'Arc était accusée d'être folle, ainsi que sainte Thérèse, sainte Marguerite-Marie et un grand nombre de saints et de saintes. Henri Lasserre, à propos de Bernadette, rappelle que, à la même époque, un médecin membre de l'Institut (1) qui passait pour être un grand savant, une notoriété médicale, avait écrit un livre dans lequel il met au nombre des fous : Socrate, Newton, Pascal, et un grand nombre de savants et de personnages de tous les temps et de tous les pays, « précisément les plus célèbres pour leur raison et leur intelligence. »

Ce fut depuis, à peu près, la théorie de Charcot.

Or, il y a en France, depuis le 30 juin 1838, une loi terrible qu'il serait bien nécessaire qu'on réformât ; car elle peut favoriser le plus redoutable des arbritraires : c'est la loi sur les aliénés.

Quand on a affaire aux Tribunaux, qu'on est accusé d'avoir volé ou commis quelque autre crime ou délit, on peut se défendre ; et si on est innocent, on a des chances de faire reconnaître son innocence.

Les débats sont publics, il y a plusieurs Juges,

______

(1) M. Lélut.

on a un avocat, on entend des témoins et, généralement, il faut que le délit soit prouvé pour
qu'on soit condamné. Il y a même des tribunaux
d'Appel si on estime que le premier Tribunal a
mal jugé.

Tandis que, pour priver quelqu'un de sa liberté
et de sa fortune et l'enfermer à tout jamais comme
fou, il suffit qu'un ou deux médecins, n'importe
lesquels, des coquins ou des imbéciles, déclarent
par certificat (souvent même sans que l'intéressé
s'en doute) qu'il est atteint de trouble mental. Et
alors, sans défense possible, par simple décision
préfectorale, le malheureux est saisi brusquement, arraché de sa maison, séparé violemment
de tout ce qu'il aime, et jeté dans un cabanon de
fous, prison mille fois plus épouvantable que
n'importe quel bagne ou prison où il y a au
moins une règle et un contrôle, et d'où on espère
sortir.

Tandis que pour les asiles d'aliénés « sur le
seuil il faut laisser l'espérance ». Oh! quels dé-
sespoirs dans ces sinistres demeures! Fou véritable ou supposé, vous êtes comme supprimé du
nombre des vivants, sans communication avec le
monde, à la merci du Docteur et du personnel,
sans secours religieux si, eux, sont incroyants.
On peut vous maltraiter, vous tyranniser; on
peut vous priver de nourriture, vous doucher
jusqu'à ce que mort s'ensuive; les tortionnaires
auront toujours comme excuse prétendue valable
que votre état nécessitait ce traitement. Cela fait

frémir, les drames et les sanglots dont les échos franchissent parfois ces murs !

Je ne veux pas dire que ce soit toujours et partout ainsi; non, pas toujours, certainement ; mais trop souvent tout de même.

Je ne veux pas dire non plus que tous les médecins aliénistes sans exception soient des scélérats, des hommes d'argent dont on achète la conscience; loin de moi cette pensée ! On doit au contraire rendre un hommage général à ceux qui embrassent cette carrière ; parce qu'il faut beaucoup de dévouement pour consentir à ce contact permanent avec ces malheureux aliénés. Car il est de notoriété publique et scientifique qu'au bout de très peu de temps, les trois quarts de ces médecins en deviennent toqués eux-mêmes, par contagion. Et c'est alors inconsciemment qu'ils voient des fous partout, sans s'apercevoir que ce sont eux qui le sont plus que les autres, et devraient être séquestrés et douchés à leur tour.

———

CHAPITRE XXXI

Lorsqu'il avait appris que la Sainte Vierge était encore apparue à Bernadette et lui avait dit son nom, M. le Préfet Baron Massy avait trouvé l'occasion bonne pour en finir.

Il envoya chez les Soubirous, pour examiner Bernadette, deux médecins qui n'admettaient pas plus que lui les choses du Ciel, et qui étaient tout prêts à donner satisfaction à M. le Préfet.

Mais ces médecins étaient de Lourdes, (1) et quand ils constatèrent, en voyant Bernadette et en l'interrogeant, que loin d'être folle, celle-ci était au contraire étonnamment calme et équilibrée, ils craignirent de se faire du tort dans le pays, et de perdre leur clientèle, s'ils contribuaient à son internement.

Ils déclarèrent donc dans leur rapport que

______

(1) Les Docteurs Peyrus et Balencie ; le docteur Lacrampe, d'Aspin les accompagnait.

l'état de Bernadette était parfaitement normal, sans aucun signe de désordre mental.

Cependant, comme elle persistait dans son récit des Apparitions auxquelles ces docteurs ne croyaient pas, ils ajoutèrent, se contredisant ainsi eux-mêmes, qu'elle avait bien pu être victime d'une hallucination, quand elle avait cru voir la Sainte Vierge ; « un reflet de lumière disaient ces ingénieux docteurs, a sans doute frappé son attention du côté de la Grotte, son imagination, sous l'influence d'une prédisposition morale, a donné à ce reflet une forme qui frappe les enfants, celle des statues de la Vierge, qu'on remarque sur les autels. » Ils ne parlaient ni de la Source, ni des miracles, qu'ils passaient sous silence comme si cela n'existait pas.

Ces médecins se moquaient-ils du Préfet ?

On le croirait, en lisant cette ineptie. En tout cas leur rapport ne concluait en rien à ce que voulait M. Massy, mais celui-ci n'y regarda pas de si près, et il s'en contenta.

Armé de cette pièce et de la fameuse loi de 1838 dont nous avons parlé ci-dessus, M. le Préfet résolut de faire arrêter Bernadette et de l'enfermer dans une maison de fous.

En même temps, d'interdire les manifestations religieuses à la Grotte, et de la dépouiller des objets et des offrandes qu'on y avait déposés. M. le Préfet prenait, pour cette seconde mesure, le prétexte qu'il avait fait approuver par le

Ministre des Cultes, à savoir qu'on avait orné la Grotte comme une Chapelle ; qu'on y priait comme dans une Chapelle, et qu'il était défendu d'instaurer une Église, un Oratoire ou une Chapelle sans la permission des Autorités Religieuses et Civiles.

Il s'agissait d'informer de cela les populations, et on craignait qu'elles ne le prissent fort mal. Quand je dis : « On craignait », non, ce n'est pas ainsi qu'il faut dire, car, au contraire la police, la Justice et la Préfecture ne demandaient que cela : la révolte des honnêtes gens devant tant de méchancetés et de mauvaise foi, ce qui leur aurait permis d'opérer un grand nombre d'arrestations. Un Escadron de Cavalerie était en selle à Tarbes, prêt à arriver au premier signal, « accourant à bride abattue, et mettant ville et campagne en état de siège, pour réfuter la superstition par le tout-puissant argument du sabre. » (1)

On était au 4 mai. Comme c'était l'époque du Conseil de Révision, le Préfet se rendit à Lourdes, où étaient rassemblés tous les Maires du Canton.

M. le Préfet en prit l'occasion de leur annoncer les mesures qu'il avait décidées. « Il est illégal, leur dit-il, de déposer à la Grotte des cierges et des objets de piété, j'ai donc ordonné d'enlever ceux qui s'y trouvent et de les transporter à la

(1) *Notre-Dame de Lourdes,* par Henri Lasserre.

mairie, où les personnes qui les avaient déposés peuvent venir les reprendre.

« J'ai prescrit en outre, D'ARRÊTER *et de conduire à Tarbes, pour y être traitées comme malades, les personnes qui se diraient visionnaires et je ferai poursuivre comme propagateurs de fausses nouvelles*, tous ceux qui auraient contribué à mettre en circulation les bruits absurdes que l'on fait courir. » (1).

C'est-à-dire, pour commencer, tous ceux qui auraient été guéris par un miracle, ou en auraient été témoins, ou auraient parlé de l'existence de la source, etc., etc.

Le Maire était chargé d'arrêter Bernadette, le commissaire de police avait l'ordre de dépouiller la Grotte et d'en enlever tout ce qui pourrait rappeler que la Sainte Vierge y distribuait Grâces et Miracles.

M. Jacomet était bien content, mais ce qui devait le vexer, c'est qu'il était bien obligé d'y laisser la source ! témoignage ineffaçable à perpétuité, celui-là, que tout l'Enfer déchaîné ne pouvait parvenir à détruire.

---

(1) Ce discours a été reproduit par *l'Ère Impériale*, journal de la Préfecture du 8 mai 1858.

CHAPITRE XXXII

M. Jacomet s'empressa de prendre ses mesures
pour exécuter les ordres du Préfet, qui devaient
l'être le jour même.

Il fallait une charrette ponr transporter les
objets de la Grotte, car il y en avait beaucoup.
Du reste, les chevaux et voitures ne manquaient
pas dans le pays! C'était le moyen de transport
dans ce temps-là, où le chemin de fer ne passait
pas à Lourdes; M. Jacomet croyait n'avoir que
l'embarras du choix.

Il se présenta d'abord à la poste, suivi des sergents de ville, en demandant une charrette et des
chevaux.

Le maître de poste s'appelait M. Barioge.

— « Je ne prête point mes chevaux pour de
pareilles choses, répondit-il à M. Jacomet.

— « Mais je vous les payerai, vos chevaux!
s'écria M. Jacomet; ainsi vous ne pouvez pas les
refuser.

— « Mes chevaux sont faits pour le service de la poste et non pour pareille besogne, reprit ce brave M. Barioge ; je ne veux être en rien en ce qui va se commettre. Faites-moi un procès si vous voulez, je refuse mes chevaux. »

M. le commissaire était fort attrapé. Il alla ailleurs, toujours suivi de son escorte, mais ailleurs et partout, chez tous les loueurs de chevaux, dans tous les hôtels, chez les particuliers, partout, il essuya le même refus.

Pauvre M. Jacomet ! C'est qu'il était tout à fait embarrassé. Il avait mis son bel habit de grande tenue et ceint son écharpe tricolore pour faire sa petite tournée, et il voyait que ça n'en imposait pas du tout. Il entendait des moqueries et des rires, des murmures et des paroles sévères qui ne laissaient pas que de l'inquiéter un peu. Il offrait jusqu'à trente francs pour la charrette et le cheval, ce qui était un gros prix pour le pays et pour l'époque, et la foule faisait un rapprochement avec les trente pièces d'argent payées à Judas pour trahir Notre-Seigneur.

Enfin, à force de chercher, l'infortuné commissaire finit par trouver une pauvre fille qui, n'ayant personne pour la protéger, se laissa effrayer et consentit à prêter sa charrette et sa bête, terrorisée qu'elle était par les menaces de condamnations et d'amendes qu'on lui faisait.

Triomphants, M. Jacomet et sa suite se dirigèrent immédiatement vers les Roches Massabielle ; un agent conduisait la charrette.

En arrivant, M. Jacomet n'était plus si fier. Une foule sombre et silencieusement menaçante l'entourait, et M. Jacomet se disait que le Gave était rapide et profond, et qu'il n'était vraiment pas loin...

La charrette ne pouvant pas parvenir jusqu'à la Grotte, resta à quelque distance. Il y avait, dans la Grotte, des cierges posés sur des chandeliers de mousse ornés de rubans ; des croix, des tableaux religieux, des statues de la Sainte Vierge, des chapelets, des bijoux déposés sur le sol. Des centaines de bouquets dedans ou aux alentours, on était au mois de mai, mois de Marie et mois des fleurs.

On avait jeté aussi, dans des corbeilles et sur le sol, des pièces de monnaie, or, argent et cuivre, dont le total formait quelques milliers de francs, c'était destiné à la Chapelle que la Sainte Vierge avait ordonné d'ériger en ce lieu ; les voleurs eux-mêmes respectaient ces premiers dons, et jamais, quoique cela aurait été bien facile, jamais rien n'avait été dérobé.

Le commissaire franchit la barrière élevée par les carriers pour protéger les objets réunis dans le fond de la Grotte. Il commença par prendre l'argent, puis il éteignit les cierges, et rassemblant les Croix, les Chapelets et autres choses, il les passait aux sergents de ville qui les portaient à la charrette. Ces pauvres gens avaient l'air triste et honteux, et étaient évidemment désolés de la besogne qu'on les forçait d'accomplir.

La charrette n'étant pas tout près, tout cela se faisait un peu lentement. Pour avancer davantage, M. Jacomet appela un petit garçon qui regardait.

— « Tiens, porte ce tableau à la charrette. L'enfant tendit la main pour prendre le tableau. Un camarade qui était à côté de lui s'écria :

— « Malheureux ! Que vas-tu faire ? Le bon Dieu te punirait ! »

Le petit garçon se recula avec effroi, et M. Jacomet eut beau l'appeler, il ne parvint pas à le faire bouger.

Puis M. Jacomet ramassa un bouquet et fit le geste de le jeter dans le Gave ; mais un vague murmure de la foule l'arrêta. Il comprit qu'il ne fallait pas la pousser à bout, et les bouquets furent mis sur la charrette avec les autres choses.

Un instant après, une statuette de la Vierge fut brisée par une maladresse du commissaire, et ce fait provoqua dans la foule un mouvement qui effraya encore M. Jacomet. Décidément, M. Jacomet ne trouvait pas à cette exécution sacrilège tout le plaisir qu'il s'était promis.

Quand il ne resta plus rien à enlever, M. Jacomet voulut détruire la balustrade ; il n'avait pas d'outil, il alla ou envoya demander à des ouvriers qui coupaient du bois à une scierie non loin de là, de lui prêter une hache. Tous refusèrent. Un ouvrier qui travaillait à l'écart des autres n'osa pas lui résister, et laissa prendre sa hache.

Quelques coups suffisaient, la balustrade n'étant pas bien solide ; M. Jacomet fit lui-même la besogne, et la balustrade tomba.

Mais cela fit plus d'effet que le reste sur la multitude, le commissaire frappant violemment le bois à coups de hache, et il y eut une explosion d'indignation menaçante.

M. Jacomet devint livide de peur, car il savait qu'il suffisait d'un de ces mouvements impulsifs comme il s'en produit dans les foules, pour qu'il fût précipité à l'eau, sans qu'on sût même par qui ni comment.

Il chercha à s'excuser : « Ce que je fais, dit-il en prenant un air humble et triste, je ne le fais pas de moi-même et c'est avec le plus grand regret que je me vois forcé de l'exécuter. J'agis d'après les ordres de M. le Préfet. Il faut que j'obéisse, quoi qu'il m'en coûte, à l'Autorité supérieure, je ne suis point responsable et il ne faut pas s'en prendre à moi. »

Alors des voix crièrent dans la foule :

— Demeurons calmes ! Pas de violence, laissons tout à la main de Dieu !

La charrette fut conduite sans encombre à la mairie, par le commissaire et les agents. Les objets dont on avait dépouillé la Grotte y furent déposés, et l'argent remis à M. le Maire.

Le soir, une foule immense se rendit aux Roches Massabielle, apportant des fleurs dont la Grotte fut instantanément remplie, en même temps qu'illuminée de cierges allumés. Mais pour éviter qu'ils soient saisis par M. Jacomet et ses acolytes, chacun désormais tenait son cierge à la main, et le remportait en rentrant chez soi.

Ici se place un incident amusant : On avait annoncé que les donateurs des objets enlevés de la Grotte, pouvaient venir les reprendre à la Mairie. Le lendemain, les femmes de Lourdes, réunies en bande, se présentèrent à cet effet, et, prenant pêle-mêle ce qui leur appartenait et ce qui ne leur appartenait pas, reportèrent tout à la Grotte !

Puis dès ce jour on recommença à y déposer de l'argent et des fleurs. M. Jacomet venait tout enlever. Plus hardi depuis qu'il avait échappé, le 4 mai, à la noyade qu'il redoutait, il montrait les façons les plus insolentes et brutales, prenait l'argent et jetait le reste dans le Gave.

Parfois, il était bien obligé de laisser l'ingénieuse décoration imaginée par les pèlerins, c'était quand des milliers de roses effeuillées couvraient le sol de leurs pétales ; malgré son zèle, M. Jacomet ne pouvait passer toute sa journée à quatre pattes pour les ramasser.

Quelquefois, on est surpris de voir la prospérité des méchants, et que ceux qui font le mal semblent être plus heureux que d'autres qui n'auront fait que le bien.

D'abord, ce n'est pas toujours en ce monde que Dieu punit le mal, mais souvent dans l'autre, où il y a pour cela le Purgatoire et l'Enfer.

Puis, qu'en sait-on, du bonheur de tel ou tel? Souvent, les apparences sont trompeuses, et il y a des gens dont les chagrins cachés, qu'on ignore, sont plus cruels que bien des malheurs apparents.

Enfin, il y a des cas où la punition est immédiate et visible, pour servir d'exemple, et c'est ce qui arriva pour certains, à la suite des événements que nous venons de relater.

Le lendemain même de ce jour-là où la Grotte avait été dépouillée, la fille qui avait loué sa charrette et son cheval au commissaire de police, se brisa une côte en tombant du haut d'un grenier à foin.

Le même jour, l'ouvrier qui avait laissé prendre sa hache pour démolir la balustrade, eut les deux pieds écrasés par une grosse pièce de bois qu'il voulait mettre sur un établi, et qui tomba sur lui.

Tout le monde vit là une punition du Ciel.

Oui, c'était la punition, mais en même temps le signe de la miséricorde. Car la punition, acceptée avec humilité et résignation expie la faute, et ainsi Dieu la pardonne!

CHAPITRE XXXIII

Pendant que M. Jacomet accomplissait sa part
de la double infamie ordonnée par le Préfet;
M. Lacadé, notaire, maire de Lourdes, se sentait
sans enthousiasme devant celle qui lui incom-
bait : l'arrestation de Bernadette et son internement à Tarbes.

M. Lacadé était un homme qu'on disait pas
méchant, mais hésitant et timide. Il avait évité
le plus possible de se mêler aux événements qui
passionnaient le pays ; il n'aurait voulu déplaire
ni à Dieu ni à diable, ne rien faire qui compro-
mît ses intérêts éternels, mais non plus rien qui
touchât ses intérêts temporels. Il fut épouvanté
de voir l'Administration s'engager dans la voie
des violences ; il se demandait avec terreur quelle
allait être l'attitude des populations.

M. le Préfet annonçait l'envoi d'un escadron
de cavalerie pour maintenir l'ordre après l'arres-

tation de Bernadette ; mais cette mesure, grosse
de conséquences, ne faisait naturellement qu'effrayer davantage M. Lacadé. On résisterait, le
sang coulerait ; et lui, M. Lacadé ; ne serait-il
pas lui-même victime de la juste colère de ses
concitoyens ?

Dans son désarroi, et sans trop savoir pourquoi, M. Lacadé songea à communiquer au Curé
de Lourdes l'ordre d'arrestation qu'il avait reçu ;
et pour se donner du courage, il pria M. Dutour,
le Procureur Impérial, de l'accompagner.

Tous deux se rendirent chez l'abbé Peyramale.
Ils le mirent au courant des faits, et essayèrent
de lui démontrer comment, d'après la loi du
30 juin 1838, l'arrestation de Bernadette, la petite
confidente et messagère de la Sainte Vierge, était
une chose absolument légale.

Comment dépeindre l'indignation du Curé,
devant cette atroce injustice ; cette iniquité
cruelle, pire qu'un assassinat ?

« Cette enfant est innocente ! s'écria-t-il, et la
preuve, M. le Procureur Impérial, c'est que,
comme magistrat, vous n'avez pu, malgré vos
interrogatoires de toutes sortes, trouver un prétexte à la moindre poursuite. Vous savez qu'il
n'y a pas un Tribunal en France, qui ne recon-
naîtrait cette innocence, éclatante comme le soleil;
qu'il n'y a pas un Procureur Général qui, en de
telles circonstances, ne déclarerait monstrueuse

et ne fît cesser, non seulement une arrestation, mais une simple action judiciaire.

— « Aussi la Magistrature n'agit-elle pas, répondit M. Dutour. M. le Préfet, sur le rapport des médecins, fait enfermer Bernadette comme atteinte de démence, et cela *dans son intérêt, pour la guérir !* C'est une simple mesure administrative, qui ne touche en rien à la Religion.

« Une telle mesure, reprit le prêtre en s'animant de plus en plus, serait la plus odieuse des persécutions ; d'autant plus odieuse qu'elle prend un masque hypocrite, qu'elle affecte de vouloir protéger, qu'elle se cache sous le manteau de la légalité, et quelle a pour objet de frapper un pauvre être sans défense...

« ...Et puisqu'ils n'ont constaté aucune lésion cérébrale, en quoi vos deux médecins seraient-ils plus compétents pour juger de la folie ou du bon sens, que l'un quelconque des mille visiteurs qui ont interrogé cette enfant et ont admiré la pleine lucidité et le caractère normal de son intelligence ? Vos médecins eux-mêmes n'osent affirmer et ne concluent que par une hypothèse. M. le Préfet ne peut, à aucun titre, faire arrêter Bernadette.

— « C'est légal.

— « C'est illégitime. Prêtre, curé doyen de la ville de Lourdes, je me dois à tous, et en particulier, aux plus faibles. Si je voyais un homme armé attaquer un enfant, je défendrais l'enfant au péril de ma vie, car je sais le devoir de protection qui incombe au Bon Pasteur. Sachez que je ne saurais agir autrement alors même que cet homme serait un Préfet, et que son arme serait le mauvais article d'une mauvaise loi. *Allez donc dire à M. Massy que ses gendarmes me trouveront sur le seuil de la porte de cette pauvre famille, et qu'ils auront à me renverser, à me passer sur le corps avant de toucher à un cheveu de la tête de cette petite fille.*

— « Cependant...

— « Il n'y a pas de cependant. Examinez, faites des enquêtes, vous êtes libres et tout le monde vous y convie. Mais si, au lieu de cela, vous voulez persécuter, si vous voulez frapper des innocents, sachez bien qu'avant d'atteindre le dernier et le plus petit parmi mon troupeau, c'est par moi qu'il faudra commencer (1). »

L'abbé Peyramale était de très haute taille ; sa force et son énergie physiques répondaient à celle de son caractère. Une fois, devant de vilains propos tenus en présence d'enfants par un garnement d'une vingtaine d'années, une simple giffle du prêtre avait abattu le misérable, qui resta longtemps avant de reprendre ses sens. Une autre fois, ce fut un officier de cuirassiers qui éprouva la vigueur des principes du Curé et s'empressa de se soustraire à celle de ses biceps.

Une autre fois encore, se glissant sous une charrette embourbée dont le cheval était abattu ;

(1) *Notre-Dame de Lourdes*, par Henri Lasserre.

d'un violent coup de reins il releva charrette et cheval, sauvant ainsi la vie à l'un de ses paroissiens, pris entre la roue et un talus. Il est vrai que ce jour-là, le courageux sauveteur risqua lui-même sa vie, et qu'il souffrit pendant six mois de cet effort démesuré. Mais ce n'était pas là une considération à arrêter un instant le Curé de Lourdes !

On le savait donc incapable de céder en rien de ce qu'il considérait de son devoir ; de sorte que son attitude résolue augmenta grandement les angoisses de M. Lacadé.

Le Procureur Impérial n'avait pas à intervenir, du moment que ce n'était plus la Justice, mais l'Administration qui agissait ; toute la responsabilité retombait donc sur le Maire, chargé directement d'exécuter les ordres du Préfet.

Il n'y avait plus moyen d'enlever Bernadette brusquement, par surprise, du moment que le Curé était prévenu et qu'il était sur ses gardes ! D'autre part il était certain qu'il ferait comme il l'avait dit, et se ferait plutôt tuer sur place que de laisser emmener Bernadette, la petite fille innocente.

Quel drame en résulterait ! Le peuple se groupant autour de son Pasteur ; la lutte, l'escadron de cavalerie, des blessés, des morts !

Disons aussi que le pauvre Maire était très impressionné par le rappel du surnaturel évoqué au cours de ces tergiversations.

Il fit part à M. Massy de l'attitude de l'abbé Peyramale et de son entrevue avec lui.

— « L'arrestation de Bernadette, disait-il, provoquerait une révolte dans la Ville et amènerait des malheurs. Quant à lui, devant l'indignation et la résolution du Curé, il se voyait obligé de refuser d'exécuter les ordres du Préfet, dût-il donner sa démission de Maire ».

C'était au Préfet, s'il le jugeait à propos, de faire opérer l'arrestation de Bernadette par un ordre direct à la Gendarmerie.

Grande colère du baron Massy, en recevant le refus du Maire de Lourdes !

« Une révolte dans le pays... » M. Massy, nous l'avons vu, n'en aurait point été fâché. Mais pas dans ces conditions-là, où la retraite du Maire, l'attitude du Curé, l'indignation générale lui donneraient une responsabilité qui aurait pu lui faire perdre sa position. Or, il y tenait, à sa position de Préfet.

Malgré sa fureur et son humiliation, M. Massy décida donc de dissimuler et de laisser Bernadette en liberté, se promettant de trouver d'autres moyens pour la confondre, et abattre à tout jamais l'Œuvre de la Mère de Dieu.

CHAPITRE XXXIV

Les ennemis de la Sainte Vierge avaient commencé par nier les Apparitions. Ensuite, quand la source jaillit sous les doigts de Bernadette, ils nièrent la source.

— « Une source dans ces roches dures, dans cet endroit sec et desséché », disaient-ils ; « allons donc : *Il n'y a jamais eu de source en cet endroit, et il ne peut pas y en avoir. C'est une flaque de boue ; de l'eau qui aura suinté par hasard par une fente du rocher, un jour de pluie.* »

La source donnait plus de cent mille litres d'eau par jour, que certains journaux répétaient encore cette sottise ; en particulier « l'Ère Impériale », journal de la Préfecture de Tarbes, qui imprimait dans son numéro du 28 avril, *qu'il n'y avait à la Grotte qu'une petite mare de boue où une fillette hallucinée allait faire sa toilette.*

Henri Lasserre a voulu se rendre un compte

exact du débit de cette source et l'a fait mesurer sous ses yeux. La source jaillie sous les doigts de Bernadette par ordre de la Sainte Vierge, donne 85 litres par minute, soit 5.100 litres par heure, et 122.400 litres par jour, si bien qu'elle alimente les piscines où, à présent, on baigne les malades, les nombreux robinets où on vient prendre l'eau, la manutention où l'on met dans des bouteilles l'eau qu'on envoie au loin pour les malades qui ne peuvent pas venir jusqu'à Lourdes.

Vrai, les gens qui alors niaient l'existence de cette même source et n'y voyaient qu'une flaque de boue, n'y voyaient pas très clair !

Du reste, au bout de quelques jours, des *milliers* de personnes témoignaient l'avoir vue et y avoir bu et puisé de l'eau.

De plus, *dès le premier jour*, cette eau miraculeuse avait opéré des prodiges et il y en eut tant, de guérisons et de miracles, qu'il devint difficile, également, de prétendre que cette eau ne guérissait personne, et il fallut bien en convenir.

Mais, M. le Préfet ne s'embarrassait pas pour si peu, et voici le nouveau truc dont il s'avisa :

— « Si cette eau opère des guérisons, dit-il; c'est parce que c'est une eau minérale, comme Vichy, Cauterets, Barèges. Dans ce cas : 1º Elle appartient à l'État, toutes les eaux minérales lui appartenant ; 2º On ne boit pas d'eau minérale sans ordonnance de son médecin, c'est dangereux pour la santé, donc :

— « Dans l'intérêt de l'État ;

— « Dans l'intérêt de la santé publique :

— « Défense de boire de cette eau ! ! »

Et ce fut affiché le 8 juin, dans la ville de Lourdes, d'après l'ordre que le Maire en reçut du Préfet...

. . . .

ARTICLE PREMIER

Il est défendu de prendre de l'eau à la source.

ARTICLE 2.

Il est défendu de passer sur le terrain communal dit : Rives de Massabielle.

ARTICLE 3.

Il sera établi à l'entrée de la Grotte une barrière pour en empêcher l'accès. Des poteaux seront également placés qui porteront ces mots : Il est défendu d'entrer dans cette propriété.

ARTICLE 4.

Toute contravention au présent arrêté sera poursuivi conformément à la loi.

ARTICLE 5.

M. le Commissaire de police,

La Gendarmerie,

Les Gardes-champêtres,

Et les Autorités de la Commune

Demeurent chargés de l'exécution du présent arrêté, etc., etc.

Ce fût non seulement affiché, mais publié à son de trompe et de tambour pour les gens qui ne savaient pas lire : « Le devoir du Maire, était-il expliqué, étant de protéger la santé de ses administrés ».

Nous n'avons pas besoin de faire cette réflexion, car chacun se la sera faite à part soi : Il n'a jamais existé d'eau minérale qui guérisse indifféremment n'importe quelle maladie comme l'eau de la Grotte ; il n'en a jamais existé qui guérisse instantanément, il n'y a que l'eau miraculeuse de la Sainte Vierge qui puisse posséder de telles propriétés. Une erreur n'était donc pas possible et cet arrêté n'était que l'œuvre hypocrite de la mauvaise foi.

Des barrières entourèrent les Roches Massabielle ; des poteaux furent placés dans le terrain d'alentour avec toutes sortes d'écriteaux menaçants, et les policiers veillaient jour et nuit, se remplaçant toutes les heures, et dressant procès-verbal à quiconque dépassait les poteaux pour aller prier en vue de la Grotte.

CHAPITRE XXXV

C'était le Juge de paix de Lourdes, M. Duprat, qui était chargé de juger les contraventions à cet arrêté. M. Duprat était aussi acharné que M. Massy, M. Dutour, M. Jacomet contre ce que ces Messieurs appelaient « la superstition », c'est-à-dire le culte de la Sainte Vierge et la croyance aux miracles qu'ils estimaient hypocritement « faire du tort à la Religion ».

Les condamnations pour infraction à l'arrêté défendant d'approcher des Roches Massabielle, ne pouvaient pas dépasser cinq francs ; mais, explique Henri Lasserre, « M. Duprat imagina un moyen détourné de rendre l'amende énorme et véritablement redoutable pour les pauvres gens...

« ...Il englobait dans un seul jugement tous ceux qui avaient violé la défense préfectorale, soit en faisant partie de la même foule, soit même, paraît-il, en se rendant à la Grotte dans la même journée. Et il prononçait contre eux tous une condamnation *solidaire* aux dépens. De sorte que, pour un peu que cent ou deux cents personnes se rendissent ainsi aux Roches Massabielle ; chacune d'elles se trouvait exposée à payer, non seulement pour elle-même, mais pour quatre-vingt-dix-neuf ou cent quatre-vingt-dix-neuf autres, c'est-à-dire à verser une somme de 500 à 1.000 francs (1) ».

Henri Lasserre donne, à la suite, la formule d'un de ces jugements, condamnant ainsi solidairement ; — M. D., domicilié à Auch ; — Mlle M. C., domiciliée à Lectoure ; — une Dame B., domiciliée à Bordeaux ; — et D. L., *enfant mineur*, domicilié à Bagnères-Adour, etc., etc. Tous responsables ainsi les uns des autres, quoique ne se connaissant pas du tout !

Il y avait des gens qui, ayant le moyen de payer l'amende, bravaient la défense, traversaient les terrains communaux interdits, dépassaient la ligne des poteaux, voire même franchissaient les barrières, pour venir prier devant la Grotte. Mais cette amende, ainsi qu'il a été expliqué plus haut pouvait s'élever à des chiffres énormes. De plus, la police faisait courir le bruit que les contrevenants seraient emprisonnés en même temps que ruinés. Il était impossible à beaucoup de per-

(1) *Notre-Dame de Lourdes*, par Henri LASSERRE.

sonnes et à tous les gens du peuple de s'exposer à ces terribles pénalités.

Parfois alors, ceux-ci usaient de ruse, parvenaient à se glisser par des chemins détournés. L'un d'eux faisait le guet et avertissait les autres quand survenait un garde. On parvint ainsi à transporter — avec quelles peines ! — des malades jusqu'à la source miraculeuse.

L'autorité compétente l'ayant su, augmenta le nombre des gardes et intercepta tous les sentiers, ce qui était illégal comme le reste, les sentiers et terrains entourant les Roches Massabielle étant une propriété communale, c'est-à-dire appartenant à tout le monde.

Quelquefois, de pauvres infirmes ou malades venus de loin ; des aveugles, des paralytiques que les médecins étaient impuissants à guérir ou même à soulager, arrivaient à Lourdes et allaient trouver le Maire ; le suppliant « à mains jointes » de leur permettre une prière devant la Grotte ! ou de les autoriser à prendre quelques gouttes de l'eau qui en avait guéri tant d'autres !

Le Maire refusait impitoyablement ; et, cruauté comme l'Enfer peut seul en inspirer, avant de renvoyer chez eux ces malheureux malades, on leur dressait procès-verbal !

Il y eut des hommes alors, qui, la nuit, pour venir prier et boire à la Fontaine, ou y prendre de l'eau pour un malade, traversaient le Gave à la nage, malgré le danger extrême causé par la violence des eaux, torrentueuses et profondes. Mais personne ne se noya.

La rive gauche du Gave, bien communal, (1) était interdite, mais les prairies qui bordaient la rive droite appartenaient à des particuliers qui trouvaient un honneur et une bénédiction que les pèlerins et les fidèles vinssent s'y agenouiller et prier, en regardant la Grotte au-delà de la rivière. Une foule immense, à certains jours, prit l'habitude de s'y réunir et pouvait y prier et chanter des cantiques à l'abri de la police et de la justice qui n'avaient pas le droit d'y pénétrer, puisque c'étaient des propriétés privées; mais on ne pouvait toujours pas approcher de la source.

(1) Les alentours de la Grotte, bien communal dont elle dépendait, consistaient en une maigre prairie, semée de pierres et de rochers, utilisée pour le pacage des pourceaux. Tous les matins, comme d'usage alors dans les petites villes des Pyrénées, le porcher communal rassemblait à son de trompe les porcs qu'on élevait dans chaque maison et les menait paître dans les terrains communaux. Le sentier abrupt qui, seul, conduisait à la Grotte était tracé par les pas de son troupeau, qui s'y réfugiait quand le temps était trop mauvais.

Jésus a voulu naître dans une Grotte qui servait d'étable, et les premiers hommes qui y furent appelés étaient des bergers.

Sa Mère choisit, pour apparaître, une Grotte servant également de refuge aux animaux ! et ce fut une bergère qu'elle y convia.

CHAPITRE XXXVI

Que devenait Bernadette, pendant cette période si agitée ?

Le 3 juin, elle avait fait sa première Communion, dans la chapelle de l'Hospice de Lourdes. Peu de jours après, comme elle était plus souffrante de son asthme, et très fatiguée de parler à tout ce monde qui venait la voir ; une tante l'avait emmenée avec elle à Cauterets, pour la soigner un peu. Elle revint fin juin chez ses parents.

Juillet commençait. C'était l'époque des voyages et de la grande saison des eaux dans les Pyrénées. Non seulement de tous les coins de la France, mais de tous les pays, arrivaient touristes et baigneurs appartenant à tous les partis, toutes les religions, et à toutes les classes riches ou aisées de la société.

Les événements de Lourdes faisaient l'objet de toutes les conversations, Lourdes était le but de toutes les excursions ou promenades. Les persécutions du baron Massy étaient sévèrement blâmées, ses ordonnances et les procès-verbaux de la police ouvertement dédaignés par ces étrangers qui se rendaient à la Grotte malgré poteaux, écriteaux et gardes ; les uns mûs par un sentiment religieux, les autres par simple curiosité.

Parmi eux se trouvaient de grands personnages, et l'embarras de Jacomet était extrême.

Verbaliser contre ceux-là ? C'eût été dangereux pour M. le Préfet lui-même ! On s'en abstenait donc, et c'était l'éternelle histoire, les puissants passaient au travers et, les petits seuls, restaient dans les mailles du filet.

Mais ceux-ci, encouragés par divers événements, commençaient à être moins effrayés ou moins dociles !

Différents incidents avaient eu lieu. La corporation des carriers, très nombreuse, qu'on n'intimidait pas comme des isolés ; avait, à plusieurs reprises, jeté dans le Gave barrières et écriteaux sans qu'on eût osé rien leur dire.

— « Les policiers n'ont qu'à numéroter leurs membres, disaient-ils ; car ils auront bientôt à les repêcher dans la rivière comme leurs planches. »

Il fallut que le curé Peyramale intervînt et leur fit promettre de s'abstenir de violences.

— « Il est défendu, leur disait-il, de répondre

au mal par le mal et de se faire justice soi-même. Prenez patience, laissez faire Dieu et la Sainte Vierge. »

Et ce fut certainement à la sagesse et à la raison du Clergé, qu'on dut d'éviter des drames et des malheurs.

D'autre part, on faisait signer dans toutes les maisons, des pétitions à l'Empereur, lui demandant justice au nom de la liberté.

Enfin le Procureur Impérial, M. Dutour, subit à ce moment-là, une mortification bien méritée, qui enhardit considérablement le public.

Il était venu aux oreilles de M. le Procureur ce bruit, vrai ou faux, que trois bonnes femmes de Lourdes avaient dit que l'Empereur et l'Impératrice allaient venir visiter la Grotte.

Les bonnes femmes avaient-elles tenu ce propos? Ne l'avaient-elles pas tenu? Mystère! qui ne fut pas complétement élucidé. Mais les trois pauvres femmes, terrifiées de leur aventure, furent traduites comme propagatrices de fausses nouvelles, devant le Tribunal de Lourdes, où M. le Procureur prononça contre elles un réquisitoire foudroyant, demandant une sévère condamnation.

Le Tribunal sourit... et acquitta deux des prévenues. La troisième eut une condamnation légère, non pas pour ce bavardage, non prouvé et en tout cas innocent ; mais pour avoir appliqué à un policier une épithète malsonnante.

M. le Procureur Dutour fut extrêmement dépité de son échec. Il était au désespoir que tant d'événements se passassent sans qu'il y pût jouer un rôle juridique quelconque. Le Commissaire de police, le Juge de paix, étaient plus en vedette que lui, quoiqu'ils fussent ses inférieurs hiérarchiques. Ils avaient des centaines et des centaines de délinquants à accuser, calomnier, condamner, tourmenter de toutes les façons ; et lui, le Procureur Impérial restait dans l'ombre, seul et inactif!

Un peu avant l'histoire des trois bonnes femmes il avait encore essayé une tentative : il avait de nouveau fait comparaître Bernadette devant lui, pour la tancer sévèrement.

— Parce que ?

— Parce que, un jour où son asthme était très violent, Mme Millet pour calmer sa toux, l'avait fait entrer chez elle et lui avait donné un verre d'eau sucrée.

Mais ce ballon d'essai était tombé à plat.

M. le Procureur tenait donc à ne pas lâcher les trois bonnes femmes qui étaient son unique proie, et, devant l'indulgence du Tribunal de Lourdes, il interjeta appel à minima devant la Cour de Pau, où les trois coupables furent obligées de comparaître à nouveau.

Mais l'histoire avait transpiré. Au jour fixé pour l'audience, nombre de personnes, dont plusieurs avaient assisté aux extases de Bernadette, allèrent au-devant des prévenues et les accompagnèrent en triomphe au Palais de Justice rempli de monde.

Le Procureur Général, chargé de soutenir l'accusation ; voyant cette manifestation et s'étant rendu compte, par l'examen de la cause, de la niaiserie du procès, déclara dès l'ouverture de l'audience qu'il renonçait à donner suite à l'affaire.

Un tonnerre d'applaudissements accueillit ces mots et plusieurs voix crièrent : « Vive Notre-Dame de Lourdes! »

Les bonnes femmes furent félicitées, fêtées et sans doute bien étonnées, d'être renvoyées à Lourdes avec chacune une branche de laurier qu'on leur avait mise dans la main.

Le jour de ce jugement de Pau, plusieurs milliers de personnes priaient à Lourdes, aux abords des célèbres poteaux qu'il ne fallait pas dépasser.

En apprenant l'acquittement des femmes, des cris de victoire éclatèrent dans cette foule et, sous une poussée irrésistible, les limites furent franchies malgré les appels effarés des agents. La police, déçue par l'échec de Pau et effrayée devant ce torrent de milliers d'hommes, fut obligée de reculer.

Le lendemain, devant le mécontentement de M. Massy, qui menaçait de destitutions, on renforça le service d'ordre et on essaya d'une rigueur plus grande encore; mais le charme de terreur était rompu, la population se sentait la plus forte, et maintenant que les carriers s'étaient calmés, c'étaient leurs femmes qui prêchaient la révolte; mais une révolte qui n'avait rien de méchant.

— « Admettons, disaient ces femmes, qu'on interdise de prendre de l'eau de la source, puisqu'on prétend qu'il faut d'abord que les savants disent de quoi elle est composée; soit, nous prendrons patience en attendant.

« Mais pourquoi nous interdire de venir prier à la Grotte? La prière n'a jamais fait de mal à personne comme une eau minérale prise mal à propos. Pourquoi nous interdire nos terrains communaux, à l'usage desquels tous les habitants de la commune ont droit? »

Et voilà nos braves ménagères, toutes bien d'accord pour une campagne de ruses, dont différents épisodes amusèrent beaucoup le public.

Après que les carriers avaient eu démoli, pour la quatrième fois, la barrière qui fermait la Grotte; la surveillance de cette barrière avait été confiée à un employé de la Mairie nommé Callet.

Callet, ancien soldat, ne raisonnait pas un ordre et savait respecter une consigne, quelle qu'elle fût; mais c'était un brave homme, pas méchant, et il aimait bien à causer.

Les femmes de Lourdes qui connaissaient son faible, s'arrangeaient entre elles, se partageant en escouades. L'une de ces bandes trouvait moyen, sous divers prétextes intéressants, d'appeler Callet de loin, de l'attirer sur le haut de la côte. Pendant ce temps-là les autres, prenant une voie insoupçonnée, franchissaient le lit du Canal et parvenaient jusqu'à la Grotte où elles faisaient leur prière ; puis elles venaient remplacer les autres pour distraire Callet, qui, ainsi entouré de personnes aimables, s'abandonnait aux charmes de la conversation et oubliait sa barrière.

Tout Lourdes riait de ce manège que le brave Callet ne s'en doutait pas encore. Mais M. Jacomet l'apprit ; et c'est qu'il ne riait pas, lui, M. Jacomet !

Callet fut tancé d'importance... Honteux comme un renard qu'une poule aurait pris...

> Le pauvre Callet tout confus
> Jura mais un tard qu'on ne l'y reprendrait plus !

A partir de ce moment-là, Callet devint de bronze. Aucun prétexte, aucune sollicitation, aucune œillade n'avaient plus de prise sur lui, et, pour se venger des femmes qui l'avaient si bien mystifié, il trouva moyen, en quelques semaines, de faire quatre-vingt-quatorze procès-verbaux à lui tout seul.

Mais les femmes de Lourdes ne prenaient plus les procès-verbaux au sérieux, et elles étaient bien décidées à ne pas payer les amendes.

Elles venaient en groupes à la Justice de paix, riant et plaisantant entre elles, tout en tricotant leur bas ou filant leur quenouille pour ne pas perdre leur temps. Le juge, M. Duprat, convoquait ensemble toutes les prévenues d'une semaine. Il arrivait, selon l'expression d'un témoin « tout huppé de colère ». Il s'asseyait sur son siège, agitait nerveusement la sonnette et la séance commençait.

« Lisez l'acte d'accusation ! » ordonnait-il d'un ton rogue. Puis ensuite :

— « Appelez la première contrevenante.

— « Comment vous nommez-vous ?

— « Hé ! Monsieur le Juge, vous le savez bien, je suis votre voisine, est-ce que vous ne me reconnaissez plus ?

— « Faites attention que vous êtes devant la Justice ! répondez à ma demande. »

Très-souvent, les joyeuses prévenues cachaient à dessein leurs vrais noms pour se donner des sobriquets de famille qui excitaient l'hilarité générale.

— « Si de pareilles manifestations se reproduisent, s'écriait le Juge ; je ferai évacuer la salle !

Revenant à l'inculpée :

— « Reconnaissez-vous les faits articulés dans le procès-verbal ?

« Certainement ; mais ce que je nie, c'est la compétence de Callet à verbaliser contre nous.

— « Comment ! qu'est-ce que vous voulez dire ?

— « Je veux dire que Callet s'enferme dans la Grotte et y prie à cœur joie ; tout le monde le sait, il n'a pas le droit de défendre aux autres ce qu'il se permet à lui-même.

— « Pas tant de verbiage ! Est-il vrai, oui ou non, que vous soyiez entrée dans la Grotte à l'aide d'effraction ?

— « A l'aide *des fractions !...* Oh ! Monsieur le Juge, je ne suis pas une savante moi, et en tout cas, si je m'en suis servie, c'est bien à mon insu.

— « Vous êtes une sotte ! Je vous demande si vous avez pénétré dans la Grotte en brisant les planches des barrières ?

— « Moi !... Oh ! cela non, Dieu m'en garde ! Nous ne faisons pas comme les carriers, nous autres pauvres femmes... A propos, Monsieur le Juge, pourquoi ne sont-ils pas cités comme nous, les carriers ? Vous savez qu'ils n'y allaient pas de main morte eux ! (1) »

Ceci était peut-être dit par la femme d'un de ces carriers, insinuant ainsi malicieusement qu'on se garderait bien de les convoquer, ces carriers ; qui ne viendraient pas à l'audience avec des quenouilles, comme leurs femmes, mais avec leurs lourds pics de fer !

Le Juge à cette question, répondait peu galamment à son interlocutrice, que « ça ne la regardait pas », mais il n'était pas, sans doute, sans sentir le trait.

M. Dutour se dépitait de n'avoir pas assez d'affaires ; M. Duprat devait commencer à trouver qu'il en avait trop.

(1) *Souvenirs d'un témoin*, J.-B. Estrade.

CHAPITRE XXXVII

Dix-huitième Apparition de la Sainte Vierge à Bernadette (16 Juillet).

Le 16 juillet est une fête de la Sainte Vierge : Notre-Dame du Mont-Carmel. Elle tombait cette année-là, un vendredi.

Bernadette avait communié le matin, pour la troisième fois depuis sa première communion.

Vers le soir, elle faisait sa prière, agenouillée dans l'Église paroissiale ; quand elle sentit en son cœur cet appel qui ne l'avait jamais trompée.

Elle se leva aussitôt et se rendit dans la prairie sur la rive droite du Gave, la rive gauche étant interdite et fermée. Quelques femmes qui l'avaient rencontrée en chemin se joignirent à elle ; d'autres étaient dans la prairie, agenouillées dans l'herbe, les yeux tournés vers la Grotte, dont le Gave les séparait.

C'était l'heure de l'*Angelus* du soir, comme la première Apparition était à l'*Angelus* de midi.

Toutes les femmes se groupèrent autour de la petite fille qui prit son chapelet ..

A peine eut-elle commencé à le réciter que la Vierge, Immaculée dès sa Conception, Mère du Fils de Dieu, lui apparut.

— « La voilà, dit-elle, Elle nous salue et nous sourit par-dessus les barrières. »

Le rayonnement de l'extase illuminait les traits de Bernadette. Par une permission divine, malgré le Gave et la distance qui l'en séparaient, il lui semblait être, comme les autres fois, tout proche de la Grotte, aux pieds mêmes de l'Apparition, et elle la voyait aussi distinctement que si elle y eût été en réalité.

La Vierge ne parla pas. Elle souriait doucement en écoutant la prière de sa petite favorite et des humbles femmes qui l'entouraient.

A un moment donné, Elle inclina la tête vers l'enfant avec un regard d'une tendresse infinie, puis Elle disparut.

Ce fut la dix-huitième fois que Bernadette la vit sur la terre; maintenant elle l'a rejointe au Ciel.

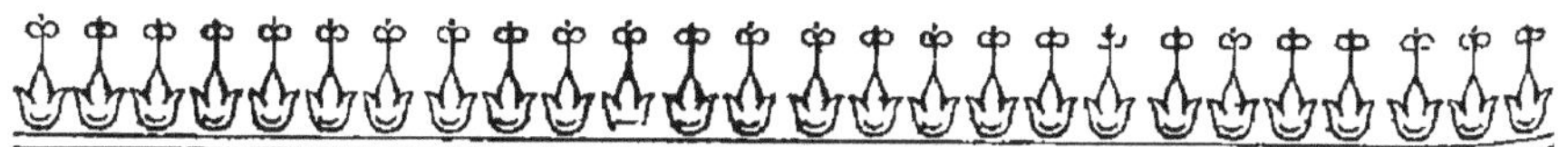

CHAPITRE XXXVIII

Un jour, à la fin de ce mois de juillet ; une dame et ses deux filles, ayant pénétré jusqu'à la Grotte, Callet leur dressa procès-verbal, et, pour ce faire, demanda à cette dame ses noms et qualités.

— « Je suis l'Amirale Bruat, gouvernante du Prince Impérial, répondit cette dame. »

Devant une personne d'une si haute condition sociale, le pauvre Callet fut tellement interloqué, que le crayon tremblait dans ses mains. Il fallut que l'Amirale inscrivît elle-même son nom, à la suite des autres coupables à poursuivre ; ce qu'elle fit de la meilleure grâce du monde.

Callet restait ému de l'incident lorsque, quelques instants après, arriva encore un autre étranger, se dirigeant délibérément vers la Grotte.

— « Holà ! vous, hé ! lui cria Callet ; on ne passe pas ! »

— « Vous allez voir qu'on passe fort bien », répondit l'inconnu en enjambant sans façon la barrière.

Callet se fâcha tout rouge :

— « Vous n'avez donc pas regardé l'écriteau, sur le poteau là-haut ?

— « Si fait mon brave homme, j'ai même lu tout au long l'arrêté de votre Maire.

— « Eh bien ! Vous n'êtes pas gêné ! Je vais vous dresser procès-verbal.

— « Volontiers ; je me nomme Louis Veuillot et je suis rédacteur en chef du journal l'*Univers*, de Paris. »

Louis Veuillot s'était respectueusement découvert en entrant dans la Grotte ; il y resta un long moment, examinant et méditant. Puis il s'éloigna sans penser à saluer Callet, ce qui lui valut les qualificatifs de gros bouffi et d'homme mal élevé que lui décerna le garde, sensible à ce manque de politesse.

Le nom de Louis Veuillot n'avait pas impressionné Callet comme celui d'une personne faisant partie de la maison de l'Empereur, telle que l'Amirale Bruat. Il ignorait que Louis Veuillot était un célèbre polémiste, entre les mains duquel il était dangereux de tomber si on n'avait pas la conscience nette ; car le vaillant champion catholique n'épargnait ni les méchants, ni les oppresseurs, ni les ennemis de la Religion.

Cette fois encore, ce fut M. Jacomet qui éclaira

Callet ; lorsque, le soir venu, celui-ci lui soumit son tableau de chasse.

Louis Veuillot ! l'Amirale Bruat ! C'était décidément un jour de malechance, bien capable d'amener plus d'une destitution.

Dans son émoi, Jacomet courut chez le Maire ; le Maire trouva le cas trop épineux pour s'en mêler. La chose fut portée devant le Préfet, qui, non moins effaré que les premiers, en référa au Ministre. Le Ministre ne perdit pas une minute pour envoyer (sans autre explication) l'ordre de cesser toutes les poursuites et les procès-verbaux, de n'en plus intenter à personne.

Les procès-verbaux cessèrent donc ; mais la Grotte resta fermée et la source interdite.

CHAPITRE XXXIX

Le 28 juillet, Mgr Laurence, évêque de Tarbes, nomma une Commission pour examiner les événements de Lourdes ; et pouvoir établir, s'il y avait lieu, en face de la chrétienté ; la réalité des Apparitions, la réalité d'une source ayant surgi dans la Grotte, la réalité des miracles opérés par l'eau de cette source.

Mais la Commission ne put commencer ses travaux qu'à la fin du mois de novembre, la Grotte étant toujours fermée et mise en interdit.

Cependant, la raison invoquée par l'Autorité n'existait plus. La défense de se servir de l'eau de la Grotte avait été motivée, on s'en souvient, par cette raison que ce devait être une eau minérale, appartenant à l'Etat, en tant qu'eau minérale ; et dont il était dangereux pour la santé de se servir avant que l'analyse en fût faite.

Eh bien! cette analyse était faite! par un grand savant, M. Filhol, dont personne ne contestait la science et la bonne foi; et ce savant déclarait que l'eau de la Grotte n'était point une eau minérale; que c'était une eau pure, qu'on pouvait en boire en toute sécurité, et que si cette eau avait opéré des guérisons, c'était par une cause ne se rapportant en rien à sa composition.

Le résultat de cette analyse fut connu juste dans les jours où l'Évêque avait nommé la Commission.

Il n'y avait donc plus aucun prétexte à interdire les Roches Massabielle et la source; elles appartenaient comme devant à la Commune, et tout le monde pouvait circuler dans les terrains et faire usage de l'eau.

Ils étaient pris dans leurs propres pièges, les Massy, Dutour et Cie; et s'ils avaient eu l'intelligence de leur situation, c'était le moment de faire une retraite conservant encore quelque semblant de dignité.

Mais l'orgueil n'est pas intelligent; il est même très bête. L'orgueil nie l'évidence, l'orgueil ne se soumet pas, il se cabre devant la raison, la vérité, devant l'autorité, fût-ce celle de Dieu même; comme les anges jadis si beaux et si heureux, dont l'orgueil révolté a fait les démons.

Puisque M. Massy et ses acolytes prétendaient agir dans l'intérêt de la Religion et de la santé publique, ils n'avaient plus qu'à dire :

— A présent qu'une Commission Ecclésiastique est nommée pour s'occuper des affaires de Lourdes au point de vue religieux, nous ne nous en mêlons plus! Ce n'est pas notre affaire;

— A présent que nous savons que l'eau de la source est naturelle, nous retirons nos poteaux et nos barrières; nous rendons à leurs occupations précédentes la police et le brave Callet! Car ni le Gouvernement, ni l'hygiène, n'ont plus à s'occuper de cela non plus!

Mais non. Et comme le démon de l'orgueil est aussi celui du mensonge; ce fut au contraire un redoublement d'entêtement à ne pas lâcher prise; un redoublement de calomnies et infamies pour arriver au but. MM. Massy et Jacomet fabriquèrent de toutes pièces un rapport pour le Ministre, qui fut communiqué aux mauvais journaux, tant des Pyrénées que de Paris et du monde entier.

Ce rapport ne parlait plus de la source qui, décidément, était embarrassante pour ces Messieurs; ni de leur sollicitude pour la santé publique, non plus que de la folie de Bernadette. Ces bons Pharisiens ne se préoccupaient plus que de protéger la Religion, déshonorée trouvaient-ils, par les événements de Lourdes, et mal défendue par l'Évêque de Tarbes et le Clergé.

Voici le résumé de leur roman, et comment ils racontaient l'histoire des Apparitions et ce qui s'en était suivi :

Trois petites filles, un jour (prétendaient-ils),

s'étaient réunies pour aller voler du bois dans une propriété près des Roches Massabielle. Comme elles furent surprises par le propriétaire, l'une d'elles, Bernadette Soubirous, s'était écriée qu'elle voyait la Sainte Vierge, afin de détourner l'attention du naïf propriétaire. Depuis cela, une série de comédies avaient lieu à la Grotte, et des manifestations scandaleuses s'y renouvelaient chaque jour. Un officier et une dame de la société lourdaise y étaient compromis. Des petits garçons faisaient l'office de prêtres, parodiaient les cérémonies du Culte et bénissaient des chapelets ; des femmes de mauvaise vie s'y tenaient. et couronnaient de fleurs et de feuillage des gens qui se prétendaient guéris miraculeusement, tandis qu'ils n'avaient jamais été malades.

Un journal hollandais inventait une autre absurdité infâme qui fut reproduite aussi par des journaux de Paris. Il disait ceci :

« La Commission nommée par l'Évêque de Tarbes pour examiner les faits de Lourdes a son jugement fait à l'avance, car toute cette comédie est préparée depuis longtemps par les prêtres et les gens payés par eux. La prétendue bergère Bernadette n'est point une paysanne innocente, mais une jeune bourgeoise très cultivée, très rusée de caractère ; et qui a passé plusieurs mois dans un cloître de nonnes, où on lui a soufflé le rôle qu'elle devait jouer. Là, devant un petit nombre de compères, on a donné des représentations d'essai, bien avant la scène publique.

Comme on le voit, à cette comédie il ne manquait rien, pas même les répétitions. Si un jour on manque d'acteurs dans les théâtres de Paris, il n'y a qu'à prendre ceux-là ! »

Voilà les ineptes mensonges d'après lesquels on réclamait l'intervention du Ministre. Devant la stupidité et l'invraisemblance de ces inventions, on se demande comment ce Ministre, M. Rouland, un homme intelligent et expérimenté, pouvait s'y arrêter un instant.

C'est qu'il y a une chose bien connue ; la crédulité des incroyants.

Tel qui nie les vérités de notre belle Religion, admettra à la place les plus ridicules sottises.

Ceux qui ne croient ni à l'Enseignement de l'Église ni aux miracles, croiront aux prédictions d'un sorcier, à la fatalité du nombre 13, aux présages funestes du sel répandu sur la table, ou de la rencontre avec un corbeau d'un côté de la route au lieu de l'autre.

Ils ne croient pas que la Sainte Vierge puisse apparaître ; mais ils s'imaginent qu'un médium, en faisant tourner une table, évoquera à son gré l'âme d'Alexandre le Grand, ou l'ombre de Rossini.

Le nom de Rossini me vient à la mémoire à cause d'une de ces évocations dont il fut l'objet, il y a quelques années, dont on s'occupa beaucoup, et dont les détails sont les suivants :

Un groupe de spirites (ainsi que s'intitulent les adeptes de ces pratiques), désirant avoir des nouvelles de Rossini, décédé, se réunirent je ne sais plus où, dans la chambre noire nécessaire à l'opération, et après le cérémonial d'usage, une forme blanchâtre apparut sur le fond noir.

— Est-ce vous, Monsieur Rossini ?

— Eh oui ! C'est moi, Bonzour, Bonzour !

Rossini zézayait quelquefois, souvenir de son origine italienne ; de sorte que les spectateurs ne doutèrent nullement de se trouver en présence du célèbre compositeur et musicien.

— Comment ça va, Monsieur Rossini ?

— Pas mal, pas mal, et vous ?

— Et d'où venez-vous comme cela, Monsieur Rossini ?

— De la planète Mars, où j'habite ! J'y ai une petite villa, dans le quartier des musiciens, qui me rappelle ma villa de Passy ! J'ai retrouvé là-haut d'aimables voisins, entre autres M. Posso, le Maire de Passy. Nous nous réunissons, on fait de la musique. On est bien ; oui, oui on est bien !

— Et Madame Rossini ? A-t-elle toujours son talent pour les macaroni ?

— Toujours ! C'est à s'en lécher les doigts !

Et voilà un spécimen des bêtises que croient des gens souvent intelligents et instruits, quelquefois se prétendant religieux, qui viennent vous dire : « La Sainte Vierge n'est pas apparue à Lourdes ! Elle n'a pas fait surgir de source ! Elle n'a pas fait de miracles ! Ce sont des inventions des prêtres et ça n'existe pas ! Mais Mme Rossini a conservé dans l'autre monde son talent pour apprêter les macaroni.

Mais, me direz-vous, qu'est-ce que c'est, au fond, que ces pratiques spirites ? Et ces apparitions telles que celle où on a attribué à ce pauvre Rossini un rôle si ridicule ?

Nous ne pouvons pas entrer ici dans des explications pour lesquelles il faudrait des volumes. Disons donc seulement ceci :

1º Le plus souvent, neuf fois sur dix, ces prétendues apparitions et manifestations spirites ne sont que l'œuvre de la supercherie et d'habiles prestidigitateurs. Journellement on a la preuve que ceux qui s'y laissent prendre sont mystifiés.

2º Il y a des gens suggestionnables, ou réellement atteints d'hallucinations ; qui croient voir ou entendre ce qui n'existe pas ; ainsi qu'on en avait faussement accusé Bernadette, et ainsi que ses parents eux-mêmes le craignaient à un moment.

3º Quelquefois, ces illusions et fausses apparitions viennent du démon ; ainsi que, également, on avait essayé de le faire croire pour Bernadette, pour Jeanne d'Arc, pour tant de Saints et de Saintes.

C'est à cause de tout cela que l'Église, chargée d'éclairer les fidèles, est si prudente dans ces questions-là ; et que l'Évêque de Tarbes et le

Clergé, ont été si longtemps avant de se prononcer sur les faits de Lourdes, quel que fût le sentiment individuel de chacun d'eux. Ils attendaient que le nombre et l'éclat des preuves et des miracles, rendissent indiscutable pour le monde entier l'origine céleste des Apparitions.

« Vous jugerez l'arbre à ses fruits, a dit Notre-Seigneur; un bon arbre porte de bons fruits, un mauvais arbre porte de mauvais fruits. »
Les apparitions ou prodiges qui viennent du démon sont incohérents, inutiles, ne produisent aucun bien, et n'ont d'autre résultat que de troubler ou égarer les âmes.
Ce qui vient de Dieu porte l'empreinte de la sagesse et de la bonté divines; les fruits en sont salutaires et abondants.

Des foules de milliers et de milliers de personnes s'étaient succédées à Lourdes depuis la première Apparition. Des savants, des médecins, des célébrités de tous les genres; des évêques, des écrivains. Des français, des étrangers de tous les pays, venus aux eaux des Pyrénées comme nous l'avons expliqué. Ils avaient interrogé Bernadette et les témoins de ses extases; ils avaient vu la source qui coulait là, où, autrefois, il n'y avait que le roc dur et le sol desséché; ils avaient constaté un nombre infini de miracles et les proclamaient aux échos du monde entier.

Mais d'après la mentalité spéciale décrite ci-dessus ; M. Rouland, Ministre de S. M. l'Empereur Napoléon III, préférait croire les sornettes d'un petit Commissaire de police de dernière classe, et d'un Préfet dont il avait pu cependant constater les gaffes, puisqu'il avait eu à les réparer.

M. le Ministre préférait donc croire le Préfet gaffeur et le petit Commissaire douteux.

— Pourquoi ?

Louis Veuillot, le célèbre polémiste dont le procès-verbal, dressé par Callet, avait tant effrayé M. Jacomet ; Louis Veuillot, disons-nous, l'expliquait dans le journal l'*Univers* où il combattait vaillamment les ennemis de Lourdes. Il disait en substance, sinon dans les mêmes termes.

— Les gens qui ne croient pas aux miracles sont ceux qui ne veulent pas y croire.

— Pourquoi ne veulent-ils pas y croire ?

— Parce que cela les gênerait. *Parce que cela les obligerait de croire en même temps aux autres Vérités de la Religion,* **ces Vérités se tenant toutes** *et à l'obligation d'aller à confesse, ce qui ne leur plairait pas du tout.*

Ils ferment donc les yeux pour ne pas voir, et ils disent : « Je ne vois rien, donc il n'y a rien ! »

M. Rouland écrivit à l'Évêque de Tarbes, lui dénonçant « les scandales de la Grotte » selon son expression, et lui enjoignant d'y mettre un terme.

Trop bien élevé pour répondre à M. Rouland qu'il s'était laissé « rouler » ; l'Évêque de Tarbes lui répondit, dans les termes dignes et sérieux requis, que, quoique l'Autorité Ecclésiastique ne se fût point encore prononcée sur les Apparitions, il pouvait cependant lui dire qu'il n'y avait jamais eu de scandale à la Grotte ; mais au contraire beaucoup de tenue, de respect et de dévotion.

Mais la Grotte n'en restait pas moins fermée !

CHAPITRE XL

L'Empereur était à Biarritz. S'il n'était pas venu lui-même à Lourdes, comme l'avaient cru les bonnes femmes de M. Dutour, beaucoup de personnes de son entourage y étaient venues ; qui prirent en mains avec ardeur la défense de la cause de Lourdes.

L'Empereur reçut également, directement des pétitions nombreuses, dont l'une se terminait ainsi : « Sire, nous ne prétendons décider en rien la question des Apparitions de la Vierge, bien que sur la foi des miracles éclatants qu'ils disent avoir vus de leurs yeux, presque tous en ce pays croient à la réalité de ces manifestations surnaturelles. *Ce qui est certain, et hors de toute contestation, c'est que cette source qui a jailli tout à coup* et que l'on nous ferme malgré l'analyse scientifique qui en proclame l'inocuité absolue, n'a fait de mal à personne ; *ce qui est certain c'est que, tout au contraire un grand nombre déclare y avoir recouvré la santé.* Au nom des droits de la conscience, indépendants de tout pouvoir humain, laissez les croyants aller y prier si cela leur convient, au nom de la plus simple humanité, laissez les malades aller y guérir si telle est leur espérance. Au nom de la liberté des intelligences, laissez les esprits qui demandent la lumière à l'étude et à l'examen, aller y découvrir l'erreur ou y trouver la Vérité. »

L'Empereur, ainsi renseigné, fut fort mécontent de la tyrannie et de l'arbitraire dont le Préfet Massy était le principal responsable comme chef du département. Il lui envoya l'ordre immédiat de cesser toute persécution et de rendre à la circulation et au public tous les endroits interdits, y compris la Grotte où se trouvait la source.

Le croirait-on ? M. Massy poussa l'entêtement jusqu'à résister à l'Empereur !

Un second ordre lui arriva. Il voulut louvoyer encore ; se contentant d'intimer à M. Jacomet de cesser la surveillance. De cette façon, pensait M. Massy, le public, ne voyant plus de gardes ni de police, abattra lui-même les barrières, et je n'aurai pas eu l'air de céder.

Mais le public et les fougueux carriers eux-mêmes, assagis par les conseils de modération du Clergé, ne touchèrent ni aux barrières ni aux poteaux.

Enfin, M. Massy reçut un troisième avis, d'après lequel il comprit qu'il n'y avait plus à tergiverser, et qu'il s'agissait de se soumettre ou se démettre.

Alas! poor M. Massy! Il fallut bien se soumettre, puisqu'il se décidait encore moins à se démettre ! Il était bien humilié et malheureux.

Le 4 octobre 1858 ; M. Massy, Préfet de Tarbes, envoya à M. Lacadé, Maire de Lourdes, l'ordre au nom de Napoléon III, Empereur des Français, de rapporter l'arrêté du 3 juin ; et de faire abattre par le Commissaire de police, les barrières et les poteaux !

Ce fut dans Lourdes, un immense cri de joie et de délivrance ! On se porta en foule à la Grotte pour remercier la Sainte Vierge, et en chantant des cantiques et des hymnes d'actions de grâces !

On n'était pas fâché non plus de s'y trouver pour assister à la déconvenue de M. Jacomet, obligé de détruire tout son bel ouvrage.

M. Jacomet vint lui-même en effet, avec ses agents portant des pioches et des haches, enlever les fatales barrières. Mais M. Jacomet ne manquait pas d'audace ! « Retournant sa veste » comme on dit vulgairement, il essaya encore de faire l'hypocrite. Feignant de partager l'allégresse générale, il osa adresser à la foule un discours où il excipait de ses bonnes intentions. On se moqua amplement de lui. Peu après il fut déplacé, comme le Préfet Massy et le Procureur Impérial Dutour ; tous trois furent envoyés sous d'autres cieux.

Notre-Dame de Lourdes avait triomphé de l'Enfer et des méchants !

CHAPITRE XLI

La Commission d'enquête nommée par Monseigneur Laurence, évêque de Tarbes, commença ses travaux le 17 novembre. Ils durèrent pendant quatre ans.

Cette Commission était composée des prêtres les plus éminents ainsi que les plus instruits, auxquels étaient adjoints, pour les choses de leur ressort, des laïques : médecins, chimistes, etc., renommés pour leur savoir et leur caractère indiscutablement consciencieux (1).

Cela faisait une assemblée très imposante : Bernadette comparut.

« Elle se présenta, dit le procès-verbal des séances, avec une grande modestie et cependant une assurance remarquable. Elle se montra calme, sans embarras, au milieu de cette nombreuse assemblée, en présence d'ecclésiastiques

(1) Voir l'*Appendice*.

respectables qu'elle n'avait jamais vus, mais dont on lui avait dit la mission. »

Laissons ici encore la parole à Henri Lasserre, celui que le pape Pie IX a spécialement désigné comme « l'Historien de Notre-Dame de Lourdes » (1), qui a écrit cette Histoire de Notre-Dame de Lourdes d'après le témoignage verbal de Bernadette en personne, qu'il a beaucoup connue religieuse, et de tous les témoins ; et d'après les pièces écrites et témoignages officiels, bases du jugement rendu par l'Église, lorsqu'elle déclara que la Dame apparue à Bernadette était vraiment la Sainte Vierge, la Mère de Dieu.

« Devant cette éminente assemblée, dit Henri Lasserre ; Bernadette raconta les Apparitions, les paroles de la Vierge, son commandement formel d'élever en ce lieu une chapelle à son culte ; la naissance soudaine de la source, le nom de « l'Immaculée-Conception » que la vision s'était donné à elle-même. Elle exposa, avec la grave certitude d'un témoin assuré de lui-même et l'humble candeur d'une enfant, tout ce qui lui était personnel dans ce drame surnaturel. Elle répondit à toutes les questions, et ne laissa aucune obscurité dans l'esprit de ceux qui l'interrogeaient au nom de l'Église catholique, l'immortelle épouse de Dieu... »

Encore d'Henri Lasserre, tiré de son même ouvrage :

(1) Voir l'*Appendice*.

« Six ans s'étaient passés. Les résistances de l'Administration, les oppositions multiples avaient été impuissantes contre l'Œuvre que la Mère de Dieu avait voulu établir par la main d'une enfant, sans autre défense que l'énergie, considérable il est vrai, du prêtre vers lequel elle l'avait envoyé.

« L'Évêque avait, dans un solennel mandement, reconnu la vérité des Apparitions et des miracles (1). L'immense pèlerinage voulu par la Vierge était fondé et au-dessus de la Grotte sacrée se construisait déjà, sous la direction de l'abbé Peyramale, l'Église demandée par Notre-Dame de Lourdes.

« Parfois, aux heures où il y avait le moins de monde aux Roches Massabielle, une jeune fille venait s'agenouiller humblement devant le lieu de l'Apparition et boire à la source. C'était une enfant du peuple, pauvrement vêtue. Rien ne la distinguait du vulgaire et à moins que quelqu'un parmi les pèlerins ne la connût et ne la nommât, elle passait inaperçue, et nul ne devinait que ce fût là Bernadette.

« La privilégiée du Seigneur était rentrée dans l'ombre et le silence. Elle était la plus simple de ses compagnes et aurait voulu être la plus effacée (2). »

Et cependant, le nom de Bernadette avait retenti sur tous les points de la terre, dans tous

(1) Voir l'*Appendice*.
(2) *Sœur Marie-Bernard*, par Henri Lasserre.

les pays du monde entier, intimement lié au nom de Lourdes...

« Lourdes, lieu unique au monde, foyer de foi et de miséricorde !

« Des milliers d'âmes viendraient y alimenter leur Religion, y puiser une énergie et une décision nouvelles ; la souffrance et la charité allaient s'y embrasser sous le regard de la divine Mère, le miracle y serait permanent, on y subirait l'heureuse contagion d'une piété épanouie qui se répand en prières, qui éclate en cantiques, et il resterait de ces heures de foi chaude et de vifs enthousiasmes, une sorte de rayonnement qui, se prolongeant sur la vie, l'illuminerait. Enfin le sourire, la voix, le geste de Lourdes, feraient tressaillir l'esprit du XIXᵉ siècle autant que son cœur (1) ».

Lourdes est la protestation contre le matérialisme, la solution de tous les problèmes économiques et sociaux, par la fraternité et l'amour tels que voulus de Dieu.

Lourdes est le rendez-vous du Ciel avec la Terre ; Lourdes est la preuve de l'existence de Dieu et de la vérité des dogmes enseignés par l'Église catholique, Une et Indivisible.

Les Apparitions de la Sainte Vierge à Lourdes ; c'est peut-être le plus grand fait du monde depuis le commencement du christianisme, et

(1) Abbé BARTRIN. *Histoire critique de Lourdes.*

nous ne saurions trop le répéter, c'est la plus grande des gloires de notre chère Patrie, qui possède tant de gloires.

Et le nom et la gloire de Bernadette sont intimement liés à cette gloire, et acclamés par le monde entier. Pas un héros, pas une héroïne, n'obtint jamais cet *universel* triomphe qui durera toujours.

« Bernadette, a dit un grand orateur (le Père Janvier) a raconté ce qu'elle avait vu, répété ce qu'elle avait entendu ; l'esprit de prière a saisi les âmes et les a remuées à son gré. A sa voix, comme à la voix de Saint Dominique, on est venu se retremper, se baigner, s'enivrer dans la prière et la supplication, et cette prière est toujours la même : le *Pater* et l'*Ave*. Bernadette nous a fait prendre contact avec le Christ...

« ... Le Pape Pie X, le Pontife auguste, le successeur de Saint Pierre, la représentation la plus parfaite de Dieu ici-bas, déclare que Bernadette a mis le monde en rapport plus intime avec le mystère du Christ sauveur. Telle est la grandeur de l'apostolat de l'humble enfant. »

Et quelle est sa vie, en face de cette gloire, à cette héroïne du grand Œuvre céleste ?

Citons encore un de ses contemporains :

— « Fille humble et modeste, s'écrie le docteur Dozous, permettez à un homme qui a eu l'heureux privilège de soigner votre santé chancelante, permettez-lui de parler de votre pauvreté.

« Vous auriez pu, en ouvrant votre main aux richesses que l'on voulait y répandre, devenir au milieu de nous puissante par l'or qu'on faisait luire à vos yeux sans pouvoir les éblouir ; permettez-moi de dire à ceux qui vous ont calomniée ce dont j'ai été maintes fois le témoin :

« Vous étiez pauvre et vous n'avez pas voulu sortir de cette pauvreté. »

Bernadette vient prier à la Grotte aux heures où elle espère passer inaperçue. Si cependant il est de la gloire de la Sainte Vierge qu'elle paraisse et raconte encore les merveilles des Apparitions, elle s'y prête simplement comme jadis. C'est chez les Sœurs de Nevers qu'ont lieu ces entretiens qui la laissent humble et simple comme toujours, malgré les manifestations enthousiastes.

Un prêtre lui dit un jour : — « Puisque la Sainte Vierge a promis de vous rendre heureuse dans le Ciel, vous n'avez qu'à vous laisser vivre sans vous occuper de rien.

« — Oh! là, là, Monsieur le Curé, comme vous y allez, répondit-elle ; je serai heureuse, oui, si je marche droit mon chemin, sans cela, gare ! »

Un ecclésiastique étranger voulait lui laisser le soin et le plaisir de répartir des aumônes parmi les pauvres du pays : — « Faites vos aumônes vous-même, Monsieur l'Abbé, répond Bernadette, elles en seront bien meilleures, car moi, ce n'est point de ma condition de manier l'argent comme cela. »

Un évêque lui demande d'échanger un chapelet de pierres précieuses contre le sien.

— « Je vous donnerai mon chapelet si cela vous fait plaisir, Monseigneur, répond-elle ; mais gardez le vôtre, je n'en veux pas, car ces belles choses-là ne conviennent point à ma pauvreté. »

Comme sa mère travaille au dehors, c'est Bernadette qui est chargée des soins de l'intérieur à la maison. Elle prépare la pauvre nourriture de la famille ; fait le ménage, nettoie et raccommode les vêtements. Elle travaille sans cesse, autant que son asthme lui en laisse la possibilité, à ces vulgaires besognes ; laborieuse et douce, en repassant dans son cœur les choses divines dont elle fut témoin.

Voilà la vie de la jeune fille qui aurait pu avoir la richesse et tous les honneurs humains et plaisirs permis, mais qui, fille du peuple de la classe la plus modeste, voulut rester à sa place, dans la condition où elle était née.

CHAPITRE XLII

Or, le grand mal de notre époque, c'est précisément de ne savoir pas se contenter de sa place, et de toujours désirer autre chose. C'est la soif du plaisir, l'amour du luxe, l'ambition, la vanité, le dégoût du véritable travail.

Les enfants dédaignent le métier de leur père, la simplicité raisonnable de leur mère. Les travaux des champs sont délaissés. Personne n'y veut plus rester, à sa place ! et pour un qui réussit à se hisser ou glisser à une autre, combien dont cela fait la ruine et le malheur !

Car on ne sort pas impunément de la voie que nous ont tracée nos ancêtres ; et, sans aller aussi loin que les Egyptiens, qui obligeaient les enfants à adopter la profession de leurs parents ; il faut convenir qu'il y a des éducations et des aptitudes qui sont le résultat de plusieurs générations, et auxquelles ceux qui n'y sont point nés peuvent rarement atteindre ; et, par contre, des apprentissages qui se font tout naturellement, sans effort, dès le berceau, on peut presque dire ; et vous donnent une facilité et supériorité qu'on n'acquerra point aisément en d'autres choses.

Le savoir des ancêtres, en quelque chose que ce soit, est le fond de la science de leurs descendants, se perfectionnant à mesure des progrès de la civilisation et de la science; « c'est dans le sang », comme on dit vulgairement sans savoir si bien dire, et c'est la meilleure garantie de réussite et de succès.

Redisons-le : ceci n'est point toujours irrévocable et inéluctable... comme chez les Egyptiens! Il y a des exceptions, (qui confirment la règle, du reste) il y en a de même de splendides. Il y a la part à faire des circonstances et la mesure à garder dans la pratique. Mais la théorie, continuellement appuyée de preuves; le principe fondamental de ce que nous venons de dire n'en existent pas moins, et la sagesse des nations l'exprime par ce dicton populaire :

« Que chacun fasse son métier, et les vaches seront bien gardées. »

Or, aujourd'hui les petits gardeurs de vaches rêvent de devenir avocats; les avocats, députés, et les députés, milliardaires.

Même chose pour les jeunes filles: on ne trouve plus de bergères, on ne trouve plus de ménagères, mais on est inondé de dactylos qui, toutes, portent des bas de soie; et semblent avoir, chacune individuellement, entrepris une réforme spéciale de l'orthographe.

CHAPITRE XLIII

« Les peuples cependant, accouraient de toutes
parts à Lourdes ; les miracles s'accomplissaient
et l'église s'élevait.

« Et Bernadette, de même que le saint Curé de
Lourdes, attendait comme le plus fortuné des
jours, après ceux de la visite divine, celui où elle
verrait de ses yeux les prêtres du vrai Dieu
conduire eux-mêmes les fidèles, la Croix en tête
et les bannières déployées, à la Roche de l'Apparition (1). »

Bien que le mandement de l'Évêque eût reconnu la vérité des divers événements de la
Grotte ; l'Église, en effet, n'avait encore pris possession par aucune cérémonie publique, de ce
sol à jamais sacré. Cette prise de possession eut
lieu, le 4 avril 1864, par l'inauguration et la béné-

(1) *Sœur Marie-Bernard* par Henri Lasserre.

diction d'une statue de la Sainte Vierge, qui fut placée, avec toute la pompe usitée en pareil cas, dans cette niche rustique, bordée de plantes sauvages, où la Mère de Dieu était apparue à la fille des hommes.

Henri Lasserre rend ainsi compte de cette solennité :

« Le temps était magnifique, le jeune soleil de printemps s'était levé et s'avançait dans un dôme d'azur que ne ternissait aucun nuage.

« La ville de Lourdes était pavoisée de fleurs, d'oriflammes, de guirlandes, d'arcs de triomphe. A la haute tour de la paroisse, à toutes les chapelles de la cité ; à toutes les églises des environs, les bourdons, les cloches et les campaniles sonnaient à toute volée. Des peuples immenses étaient accourus à cette grande fête de la Terre et du Ciel. Une procession comme on n'en avait jamais vue de mémoire d'homme se mit en marche pour aller de l'église de Lourdes à la Grotte de l'Apparition. Des troupes, avec toutes les richesses et tout l'éclat de l'appareil militaire, tenaient la tête. A leur suite, les Confréries de Lourdes, les Sociétés de secours mutuels, toutes les corporations de ces contrées portant leurs bannières et leur Croix ; les congrégations des Enfants de Marie, en robes blanches ; les Sœurs de Nevers, avec leur long voile noir ; les Filles de la Charité aux grandes coiffes blanches ; les Sœurs de Saint-Joseph enveloppées dans leur manteau sombre ; les Ordres religieux d'hommes ; les Carmes, les Frères de l'Instruction et des Écoles chrétiennes ; des multitudes prodigieuses de pèlerins : hommes, femmes, enfants, vieillards ; cinquante à soixante mille hommes, rangés en deux interminables files, serpentant le long du chemin fleuri qui conduisait aux Roches illustres de Massabielle. D'espaces en espaces, des chœurs de voix humaines et d'instruments faisaient entendre des fanfares, des cantiques, toute l'explosion de l'enthousiasme populaire.

« Ensuite, fermant ce cortège inouï, s'avançait solennellement, entouré de quatre cents prêtres en habit de chœur, de ses grands vicaires, des dignitaires et du Chapitre de son Église-Cathédrale, Très haut et Très Éminent Prélat, Mgr Bertrand Sévère Laurence, évêque de Tarbes ; la mître au front, revêtu de son costume pontifical, d'une main bénissant les peuples, de l'autre s'appuyant sur son grand bâton d'or. Une émotion indescriptible, une ivresse comme en connaissent seules les multitudes chrétiennes, assemblées sous le regard de Dieu, remplissaient tous les cœurs.

« Il était enfin venu après tant de peines, tant de luttes, tant de traverses, le jour lumineux de la justice et du triomphe. Des larmes de bonheur, de sainte exaltation et d'amour coulaient sur les visages émus de ces peuples rémués par le souffle de Dieu.

« Quelle joie indicible devait, au milieu de cette fête universelle, remplir le cœur de Bernadette, marchant sans doute en tête de la Congrégation des Enfants de Marie ! Quels sentiments d'écrasante félicité devaient inonder l'âme du vénérable Curé de Lourdes, chantant sans doute à côté de l'Évêque, l'*Hosanna* de la victoire divine !

« Ayant été tous deux à la peine, le moment était venu d'être tous deux à l'honneur !

« Hélas ! parmi les Enfants de Marie, on cherchait en vain Bernadette !

« Parmi le clergé qui entourait le Prélat, on cherchait en vain l'abbé Peyramale ! Il est des joies trop vives pour la terre et qui sont réservées pour le Ciel. Ici-bas, Dieu les refuse à ses fils les plus chers.

« A cette heure où tout était en fête et où le soleil éclairait le triomphe des fidèles et des croyants, le Curé de Lourdes, atteint d'une maladie que l'on croyait mortelle, était en proie à d'atroces souffrances physiques. Il était étendu sur son lit de douleur, au chevet duquel veillaient et priaient, nuit et jour, deux Religieuses hospitalières. Il voulut se faire lever pour voir passer le grand cortège, mais les forces lui manquèrent et il n'eut même pas la vision fugitive de toutes ces splendeurs. A travers les rideaux fermés de sa chambre, le son joyeux des cloches argentines ne lui arrivait que comme un glas funèbre.

« Quant à Bernadatte, Dieu lui marquait également sa prédilection comme il a coutume de le faire pour ses élus, en la soumettant, elle aussi, à la grande épreuve de la douleur.

« Tandis que, dominant l'immense procession des fidèles, Sa Grandeur Mgr Laurence, évêque de Tarbes, allait au nom de l'Église prendre possession des Roches Massabielle et inaugurer solennellement le culte de la Sainte Vierge qui était apparue à la voyante ; Bernadette, comme le curé Peyramale, était frappée par la maladie, et la maternelle Providence, redoutant peut-être pour son enfant bien-aimée la tentation de quelque vaine gloire, lui dérobait le spectacle de ces fêtes inouïes, où elle eût entendu son nom acclamé par des milliers de bouches et glorifié du haut de la chaire chrétienne par l'ardente parole des prédicateurs. Trop indigente pour être soignée en sa maison, Bernadette avait été transportée à l'hôpital où elle gisait sur l'humble grabat de la charité publique, au milieu de ces pauvres que le monde qui passe appelle malheureux, mais que Jésus-Christ a bénis en les déclarant les bienheureux de son royaume éternel » (1).

---

(1) *Sœur Marie-Bernard*, par HENRI LASSERRE.

CHAPITRE XLIV

Le Curé de Lourdes se rétablit. Il put continuer et voir l'achèvement de l'église que la Sainte Vierge avait ordonné d'élever au-dessus de la Grotte, et l'accroissement de l'œuvre magnifique de grâce et de salut.

Bernadette ne mourut pas non plus ; mais le reste de sa vie fut une suite de rechutes fréquentes de la maladie ; et de souffrances qui devinrent bientôt continuelles. Car la Sainte Vierge le lui avait prédit : « Je ne vous promets pas de vous rendre heureuse en ce monde, mais dans l'autre ».

Mgr Pie, dans son panégyrique de Jeanne d'Arc, met en parallèle cette parole de la Vierge à sa petite associée, avec la promesse de sainte Catherine et sainte Marguerite qui conseillaient et assistaient Jeanne d'Arc, qui l'envoyèrent à sa mission et au martyre, en lui ayant promis comme récompense, non le bonheur sur la terre, mais « de la conduire en Paradis. »

C'est qu'aucune œuvre belle et féconde n'a jamais été créée sans le sacrifice et la souffrance. C'est en mourant sur la Croix que Notre-Seigneur Jésus-Christ a racheté le monde. C'est en donnant leur sang pour la Patrie, que nos héros de la Grande Guerre l'ont fait triompher. La persécution et le martyre sont à l'origine de l'Eglise, et tout ce qui est grand, marqué du sceau divin, est marqué du sceau de la Croix.

Bernadette était restée à l'hospice de Lourdes. Lorsqu'elle allait bien, elle aidait au soin des malades et à la cuisine où elle épluchait les légumes. Elle avait alors vingt ans et se trouvait très heureuse dans cette maison. Elle aurait bien aimé y rester toujours, « en qualité de petite servante », disait-elle une fois à l'Évêque de Nevers. Mais les Sœurs de Nevers n'ont pas de servantes. Elle aurait bien désiré aussi, et encore plus, faire partie de la Communauté ; mais elle n'osait pas le demander, ne se trouvant pas digne dans son humilité, d'appartenir à un ordre religieux ; tandis que les religieuses de Lourdes, au contraire, considéraient sa présence parmi elles comme un honneur et une bénédiction, mais sans le lui dire.

Un jour, la Supérieure de l'hospice se foula le pied et les médecins lui ordonnèrent de garder le lit pendant quarante jours.

Elle appela Bernadette : « Cours vite à la Grotte », lui dit-elle, « et représente à la Sainte Vierge qu'avec ma maison et mes malades, je n'ai pas le temps de rester au lit. »

Bernadette se hâta d'aller faire la commission, et le lendemain la Supérieure était debout, guérie, à la grande stupéfaction des médecins.

Je propose à mes lecteurs, comme moralité de cette anecdote; de recourir à l'intercession de Bernadette quand nous désirons qu'une chose arrive promptement. Il est vrai que saint Expédit passe déjà pour détenir cette spécialité dans la Paradis! Mais dans le Paradis, il n'y a point de compétitions ni de jalousies, et certainement que saint Expédit ne se refusera pas à partager son monopole!

Bernadette n'osait pas, disions-nous, s'abandonner à son désir d'être religieuse, se demandant quels services elle pourrait rendre dans la Communauté. Les Sœurs de Nevers s'occupaient de l'éducation des enfants et elle ne savait guère que lire et écrire. Son orthographe n'était point impeccable et ne se perfectionna que plus tard. Les Sœurs s'occupaient des malades, en cela également, Bernadette avait, alors, plus de bonne volonté que d'expérience.

A quoi serais-je bonne ? se demandait-elle. Elle avoua ses désirs et ses appréhensions à l'Évêque de Nevers, venu à l'hospice et qui l'interrogeait.

— « Il est vrai, ma chère enfant, répondit-il, que vous êtes bien peu capable ; mais enfin, je viens de vous voir tout à l'heure, peler des pommes de terre. Vous pourriez toujours être employée à des travaux de ce genre ? Et puis, ce sera, de la part des chères Sœurs une œuvre de charité.

— « Et de bien grande charité ! s'écria l'humble enfant qui avait eu la gloire de s'entretenir avec la Mère du Dieu trois fois saint, et dont le nom avait déjà retenti dans tous les continents (1). »

Bernadette réfléchit pendant un an. Puis elle demanda à être reçue comme postulante chez les Sœurs de Nevers.

A ce titre, elle passa encore une autre année dans l'hospice de Lourdes, s'occupant des malades et des petits enfants. Puis, son départ pour la Maison-Mère de Nevers étant décidé, elle fit une tournée d'adieux dans la ville : chez ses parents, ses amis, donnant à ceux qui l'aimaient rendez-vous au Ciel. Elle leur laissa à chacun une petite image sur laquelle elle avait écrit : Priez pour Bernadette.

Quand elle embrassa pour la dernière fois son père et sa mère, qu'elle aimait si tendrement, sa sœur et ses frères, ce fut un déchirement !

Au matin de son départ, elle se rendit à la

(1) *Sœur Marie-Bernard*, par HENRI LASSERRE.

Grotte, et, fondant en larmes, elle fit ses adieux à ce lieu béni dont elle s'exilait volontairement pour le service de Dieu dans ses pauvres, et ses malades.

« Ce que vous ferez au plus humble de vos frères, c'est à moi que vous le ferez », a dit le Fils de Dieu, Fils de Marie.

CHAPITRE XLV

Bernadette était attendue à Nevers, à la Maison Mère des Religieuses, avec une grande curiosité et un grand enthousiasme, cela va sans dire. Mais on se garda bien de les lui montrer.

Les bonnes sœurs redoutaient toujours pour elle des sentiments d'orgueil et je ne puis m'empêcher de dire que c'était devenu, chez certaines des dirigeantes, une véritable marotte. Elles m'excuseraient de le dire, puisque l'une d'elles a bien écrit, dans un livre qu'elle a publié sur Bernadette ; que celle-ci avait beaucoup souffert de leur sévérité outrée et de leurs injustes soupçons. Évidemment, les intentions de ces excellentes « Mères » étaient bonnes ! Mais n'eussent-elles pas quelque peu simplifié leur responsabilité, en s'inspirant de l'attitude de la Sainte Vierge elle-même, dont nous avons déjà remarqué la confiance et les gracieux égards pour la petite bergère, devenue la jeune postulante d'aujourd'hui ?

La Supérieure de Saint-Gildard (c'est le nom de la maison de Nevers) reçut Bernadette à son arrivée et se mit à l'interroger « d'un air distrait », comme si elle n'avait jamais entendu parler d'elle, ni de Notre-Dame de Lourdes par conséquent.

— Vous êtes la postulante qu'on a amenée de Lourdes ?

— Oui, Madame la Supérieure.

— Comment vous nommez-vous ?

— Bernadette Soubirous.

— Que savez-vous faire ?

— Pas grand'chose, Madame la Supérieure.

— Mais alors, mon enfant, que voulez-vous que nous fassions de vous ?

Bernadette ne répondit pas.

— Qui vous a recommandée à notre Congrégation ?

— C'est Monseigneur l'Évêque de Nevers !

— Oh ! ce cher et saint homme, il n'en fait jamais d'autres !... Venez, je vais vous accompagner au réfectoire où vous souperez avec les sœurs venues de Lourdes, puis demain matin, si vous n'êtes pas trop fatiguée, vous vous rendrez à la cuisine, où vous aiderez la sœur converse à laver la vaisselle.

Bernadette, qui s'appellera désormais sœur Marie-Bernard, était venue à Nevers pour servir Dieu, n'importe comment Il lui plairait de l'employer, et pour « se cacher » disait-elle, c'est-à-dire se soustraire autant que possible aux perpétuelles visites et à la curiosité du public.

Tant qu'il avait été utile que Bernadette fît connaître les apparitions et les volontés de la Sainte Vierge, nous l'avons vu, Bernadette avait vaillamment rempli sa mission, malgré les menaces, les persécutions, le redoublement de fatigues et de misère qui en résultèrent à un moment donné. Mais à présent cette mission publique était terminée, elle ne désirait plus que le silence et l'oubli.

Peu lui importait donc d'être employée aux bas offices de la maison dans lesquels on la fit débuter à Saint-Gildard. « La perfection ne consiste pas à faire des choses extraordinaires mais à bien faire ce qu'on a à faire », a dit je ne sais plus quel saint.

Soit qu'elle fît les gros nettoyages ou fût employée comme plus tard à la couture, la lingerie, l'infirmerie ou tel autre travail, Bernadette s'efforçait de le faire parfaitement, elle y mettait toute son intelligence et toute sa bonne volonté.

A la récréation, elle jouait comme une enfant, étant restée extraordinairement jeune de caractère comme petite de taille. Sa gaieté charmait et amusait. Elle fut gaie et joyeuse jusque dans les grandes souffrances où elle ne tarda guère à tomber.

Un jour, qu'elle avait défié à la course une novice, qui était la plus grande personne de la maison comme elle en était la plus petite, elles s'élancèrent toutes les deux dans une allée du jardin. Malgré les immenses enjambées de sa concurrente, ce fut Bernadette qui l'emporta. Mais elle fut prise aussitôt d'un crachement de sang, et depuis, son état ne cessa de s'aggraver, avec des intermittences.

Elle avait été employée un certain temps à l'infirmerie, où elle s'était montrée étonnamment intelligente, soigneuse et dévouée, égayant les malades, les amusant, les consolant. Devenue habile et expérimentée, les docteurs avaient en elle une grande confiance. Mais c'était un poste trop fatigant.

On la chargea alors des fonctions de sacristine, ne pouvant songer non plus à l'employer pour les malades pauvres en dehors de la maison, ce qu'elle aurait tant aimé.

Elle dirigeait les enfants de chœur, soignait les fleurs et le linge des autels. Mais ces fonctions l'appelant fréquemment dans la chapelle extérieure, l'exposaient davantage à ces interviews dont elle était excédée.

Il arrivait qu'on s'adressait à elle sans la connaître.

— Ma sœur ! faites-nous donc voir sœur Marie Bernard !

— Vous voulez voir sœur Marie Bernard ? répond celle-ci avec un gracieux sourire, ah très bien, très bien !

Elle rentre dans l'intérieur du couvent comme

si elle allait chercher quelqu'un, mais... elle ne revient pas !

Une autre fois, comme elle était agenouillée dans la chapelle, faisant le Chemin de la Croix, un prêtre entre avec une grosse dame très expansive, et reconnaît Bernadette dans la Religieuse agenouillée.

— « Voilà sœur Marie-Bernard », dit-il tout bas à sa compagne.

A ces mots, la grosse dame s'élance et va tomber aux pieds de Bernadette, baisant sa robe, et s'efforçant de l'embrasser elle-même, Bernadette jette un cri de terreur et s'enfuit à toutes jambes, la prenant pour une folle, car elle ne pouvait s'imaginer être l'objet d'une telle vénération.

Il n'y avait que trois visites, disait Bernadette, qu'elle recevait avec plaisir. Celle du curé de Lourdes, l'abbé Peyramale, à qui le Pape avait donné le titre d'Évêque, tout en le laissant à la tête de sa chère paroisse ; l'abbé Pomian, qui lui avait fait faire sa première communion, et Henri Lasserre, l'historien de Notre-Dame de Lourdes.

Depuis que la Sainte Vierge avait dit à Bernadette : « priez pour les pécheurs », c'était chez elle une pensée incessante (1). Elle offrait pour eux les mérites de ses souffrances et de ses travaux. L'idée du danger qu'ils couraient de

____

(1) Voir l'*Appendice*.

mourir sans s'être repentis, était terrible pour elle.

Il est consolant de se souvenir que, puisque les Élus conservent dans le Ciel leurs missions de la terre, Bernadette continue à intercéder ardemment pour ces malheureux, qu'il suffit d'un moment pour précipiter dans l'Éternité. Si parfois nous avons quelque inquiétude pour une âme chère, n'oublions pas de demander à Bernadette de prier avec nous.

L'état de santé de sœur Marie-Bernard empirait. Elle était souvent obligée de s'aliter, en proie à de cruelles souffrances, mais sa patience était inaltérable ainsi que sa gaieté. — « Que Dieu me mette à telle sauce qu'il voudra pourvu que je le serve », disait saint François de Sales ; notre petite Bernadette disait pareil en d'autres termes.

Elle ne restait point inactive, même dans son lit, où elle trouvait moyen de confectionner d'habiles travaux d'aiguille. La nuit, elle ne dormait guère et récitait d'interminables chapelets.

« La terre est ronde, disait-elle, et quand il est nuit ici, il fait jour ailleurs, donc la messe est célébrée dans un pays quelconque à n'importe quelle heure. J'assiste par la pensée à ces messes. J'ai au pied de mon lit des gravures collées au mur, représentant les cérémonies successives de la messe ; je la suis donc ainsi, même par les yeux, à la lueur de ma veilleuse. »

Et comme elle trouvait toujours le côté amusant de toutes choses, elle ajoutait un jour : « Il n'y a que ce vilain petit enfant de chœur qui reste toujours immobile, sans agiter sa sonnette, j'en ai des impatiences, il y a des moments où j'ai envie de le secouer. »

Nous trouvons dans l'ouvrage d'Henri Lasserre les lignes suivantes :

« Si sœur Marie-Bernard était dans les souffrances, d'une résignation comparable à celle de Job, elle était loin de croire posséder une telle vertu, et s'accusait au contraire à tout instant de ne point savoir supporter la douleur, très confuse quand on semblait admirer sa patience.

— « Sœur Marie-Bernard, que vous êtes soumise !

— « Oui, sans doute, par force ! Il faut bien que je le sois. Mais j'ai beau renouveler mon sacrifice et prétendre que je suis soumise, tous les jours et à tout instant je m'aperçois que ce n'est pas vrai... Je voudrais sortir et aller courir, surtout quand on me taquine comme aujourd'hui.

— « Et qui vous taquine ?

— « Vous ne voyez donc pas ce rayon de soleil qui vient tout juste se promener sur mon lit pour me narguer, pour me dire qu'il fait beau temps et qu'il faut que je reste dans ma prison ? Et ces oiseaux qui chantent pour m'appeler au dehors, moi qui suis en cage, ne les entendez-vous pas ? »

Parfois, quand elle avait ses crises de douleurs et ses violents élancements.

— « Allons, sœur Marie Bernard, ne perdez pas cette occasion de vous résigner héroïquement.

— « Non certes, j'en perds tant d'autres que je vais profiter de celle-ci. Après tout, il n'y a pas moyen de ne pas l'accepter, puisque cela vient du Bon Dieu. »

Jamais Bernadette ne regardait les statues, en particulier celles de la Sainte Vierge, car cela lui était trop pénible de la voir défigurer ainsi, disait-elle.

Quelquefois par ruse, on s'amusait à la forcer d'y jeter un regard. « Ah ! que c'est laid ! disait-elle aussitôt, comment ose-t-on défigurer ainsi la Sainte Vierge ? »

Cela lui avait été particulièrement pénible pour la statue placée dans la Grotte où la Sainte Vierge lui était apparue ; elle avait été consternée quand on lui avait présenté cette statue, si terriblement lointaine de la réalité. Cela lui semblait comme une profanation. Cependant elle n'avait pas osé trop rien dire pour ne pas désespérer le sculpteur quand il lui avait montré la maquette, elle avait seulement murmuré, désolée : « Oui, c'est beau... mais ce n'est pas cela ! »

Jamais aucun artiste ne saurait reproduire tout à fait dignement la céleste beauté de l'Apparition divine, mais « il y a des nuances ! » et il n'en est pas moins triste de penser que l'Art, inspiré autrefois par la Religion, ait détourné ses efforts de cet idéal, et que les sujets religieux ne soient plus traités que par ces laides et vulgaires fabrications qui indignaient si fort Bernadette. Il faudrait que le souvenir de son indignation et de son déplaisir fût le point de départ d'une rénovation de l'Art chrétien. Qu'en dit la jeunesse française qui m'écoute ?

Pendant toute la durée de sa vie religieuse, Bernadette n'a cessé de songer à sa famille, à son pays natal, qu'elle aimait tendrement. Sa mère était morte la première (un 8 décembre fête de l'Immaculée-Conception) son père n'avait pas tardé à la rejoindre. Sa sœur Marie avait épousé un brave meunier, ses frères s'étaient établis. Elle leur écrivait, les conseillait, s'intéressait à leurs affaires. Elle n'oubliait pas non plus ses amies d'enfance, ni rien de ce qui concernait sa chère petite cité de Lourdes.

Inutile de dire si les miracles, les pèlerinages toujours croissants, la construction de l'église commandée par la Vierge et tous faits concernant la Grotte bénie, l'intéressaient passionnément.

Mais elle n'avait jamais voulu retourner dans ces endroits si chers ; car, dans son humilité, elle redoutait la gloire qui l'y attendait forcément.

L'affection de Bernadette pour « Monsieur le

Curé », devenu Mgr Peyramale, était profonde.

Il est connu que dans les grandes Œuvres et fondations chrétiennes, Dieu s'associe toujours un Saint et une Sainte ; tels saint Jérôme et sainte Paule, saint Augustin et sa mère sainte Monique, saint Benoît et sa sœur sainte Scolastique, saint François de Sales et sainte Jeanne de Chantal, saint Vincent de Paul et Louise de Marillac.

La douleur de Bernadette fut donc grande quand mourut le curé Peyramale, à qui la Sainte Vierge l'avait envoyée donner ses ordres, et qui était devenu l'Apôtre de Lourdes et l'avait soutenue dans sa mission.

« C'est le jour de la Nativité que j'ai appris cette foudroyante nouvelle, écrivait Bernadette dans une lettre qui a été conservée. A 9 heures, ma chère sœur Nathalie vint me trouver à la tribune et me dit qu'on venait de recevoir une dépêche datée de la veille qui annonçait que Monsieur le Curé était au plus mal; puis est arrivée la seconde, du jour même, qui annonçait la mort. Vous dire ce que j'ai souffert serait chose impossible. »

Jusqu'alors, dans toutes ses maladies, quand on la croyait sur le point de mourir, Bernadette disait : « Non, je ne mourrai pas encore ! »

Depuis la mort de Mgr Peyramale, elle disait, au contraire : « A présent, ce sera bientôt mon tour ».

CHAPITRE LXVI

Les Sœurs de Nevers ont toujours supposé que ce pressentiment de Bernadette était dû à quelque révélation de l'époque des apparitions.

Le départ de l'un des deux collaborateurs de la Sainte Vierge devait annoncer à l'autre que leur mission commune était terminée sur la terre.

Marie Dominique Peyramale était le troisième fils d'un médecin des environs de Lourdes et appartenait à une famille de parfaite honorabilité. Il naquit et fut baptisé à Momères (Hautes Pyrénées), le 9 janvier 1811, trente-trois ans avant Marie-Bernarde Soubirous, née et baptisée à Lourdes, le 9 janvier 1844.

D'abord vicaire à Aubarède, puis à Vic, puis à Tarbes, ensuite aumônier de l'hôpital civil et militaire de cette ville; l'abbé Peyramale fut nommé curé à Lourdes, « la Capitale du Bien », selon son expression, en 1854, au moment où le Pape Pie IX proclamait à Rome le dogme de l'Immaculée Conception.

Exécuteur des ordres de la Sainte Vierge, à lui transmis par Bernadette ; le curé de Lourdes a été dénommé : « le prêtre de l'Immaculée-Conception, le Curé de la Sainte Vierge... » et celle-ci, sa « Céleste paroissienne » ! et le Pape Léon XIII l'a baptisé : « le serviteur de Dieu ».

Franc, loyal, sans réticences, l'abbé Peyramale semblait d'abord rude et il était d'un caractère un peu trop facilement emporté. Car il ne faut pas croire que les saints, qui sont des hommes comme nous, n'aient pas à surmonter des tentations et à se corriger de défauts souvent très grands. Celui de l'abbé Peyramale était la colère, mais il s'efforça toute sa vie de le vaincre et on peut dire que la bonté infinie habitait son cœur, et que la charité avait été sa préparation au choix que fit de lui la Sainte Vierge. La pensée dominante de sa jeunesse était celle-ci : « L'homme est placé ici-bas pour s'efforcer d'imiter Dieu, l'essence de Dieu, c'est la charité : *Deus caritas est.* »

Charité veut dire amour.

La première prédication de l'abbé Peyramale, nouveau prêtre, fut la même que la première prédication de Jésus, leur première parole publique à tous deux fut celle-ci : « Bienheureux les pauvres en esprit ! »

On a retrouvé dans ses notes les paroles à peu près textuelles de ce premier sermon, commentant cette Béatitude ; en voici le sens :

« Heureux ceux qui ont l'esprit de pauvreté, qui sont détachés des richesses ! Heureux ceux qui étant pauvres, se résignent joyeusement à leur pauvreté, ou ceux qui étant riches. sont détachés de leurs richesses et n'y tiennent que pour y faire participer les pauvres ! Donnez, donnez, on ne possède que ce que l'on a donné pour le Seigneur ; survient la mort et tout le reste est perdu. Donnez ! la charité couvre la multitude des péchés ! Donnez ! et en répandant vos trésors périssables sur vos frères de ce lieu de passage, vous en amassez de centuples et d'immortels dans la patrie où vous êtes destinés à vivre à jamais ! *Thesaurizate vobis thesaurum in cœlis.* »

Le curé Peyramale donnait son argent, ses habits, son temps, son dîner, sa vie ! Il n'avait jamais un sou, dépensant immédiatement ce que lui donnait sa famille. Quand il était jeune prêtre, son père lui ayant fait cadeau d'un cheval, vu ses longues courses dans la montagne, le cheval fut vendu, mais il conserva la selle ; un second cheval fut vendu aussi, puis un troisième, et enfin la selle suivit, et la famille déclara alors qu'il irait désormais à pied, ce qui ne l'effrayait pas beaucoup.

Un jour, au cours d'une longue étape, par une brûlante après-midi d'été, il trouva, profondément endormi sur le bord du chemin un vieux mendiant de sa connaissance. ancien vigneron tombé dans la misère. Pour délasser ses pauvres pieds meurtris, il avait enlevé ses informes chaussures, lambeaux de cuir rattachés avec des ficelles.

L'abbé Peyramale regarda soigneusement autour de lui ; et aucun témoin n'étant en vue. il enleva prestement ses souliers, de même grandeur que ceux du pauvre, et chaussa les restes de souliers de celui-ci ; laissant les siens en leurs lieu et place. Puis il poursuivit son chemin.

Quand le vieux mendiant s'éveilla, il crut, émerveillé « que le Bon Dieu avait passé par là », raconta-t-il ensuite.

Il essaya un soulier. il allait à merveille : « J'y entrais, dit-il aussi, j'y entrais, comme au Paradis ». Mais pour le second ce n'était pas la même chose ! Inquiet, le bonhomme regarde quel peut bien être l'obstacle à son entrée des deux pieds dans ce « Paradis ». Autre merveille ! ce qui obstruait l'entrée du second soulier était un mouchoir dont on avait eu la précaution d'enlever la marque, et qui contenait une somme d'argent !

Comme notre abbé donnait invariablement le drap que sa mère lui envoyait pour s'habiller, il se trouva pendant plusieurs années vêtu d'une soutane retournée deux fois, raccommodée, reprisée et si élimée qu'on n'osait plus la brosser, et que l'hiver, « elle donnait froid à voir ».

D'accord avec le curé de Vic, où l'abbé était alors vicaire; l'amiral de la Salle, un de ses amis, usant de ruse, parvint à remplacer la vieille soutane par une belle et bonne soutane neuve; et força l'abbé à accepter également un chapeau et des souliers.

Ce fut tout un événement à Vic! où la pauvre vieille soutane était légendaire et où les paroissiens s'attristaient de ce piteux accoutrement; et leur joie fut grande quand ils virent leur cher vicaire que l'Amiral leur ramenait, tout confus de cette belle toilette à laquelle il n'était plus accoutumé. Car c'était de l'adoration qu'on avait pour lui à Vic, et ce fut la même chose partout où il passa. L'histoire ne dit pas si la belle soutane de l'Amiral fut usée au service de l'abbé Peyramale, ou si elle servit à tailler des vêtements pour les enfants pauvres; comme il arriva souvent, toutes les fois qu'il se trouva posséder plusieurs vêtements.

Quant aux chapeaux, on raconte à leur sujet l'anecdote suivante : Un jour (il était déjà curé de Lourdes) passant à côté de la diligence arrêtée sur la place pour relayer, l'abbé Peyramale trouve un prêtre dans un singulier embarras; il revenait des eaux, son chapeau s'était envolé dans un torrent, il demanda au curé l'adresse d'un chapelier pour se procurer un autre chapeau, mais il n'y avait pas de chapelier à Lourdes!

Venez avec moi dit le curé à l'infortuné voyageur. Et, l'ayant mené chez lui, il tire de l'armoire son tricorne des jours de fête et le plante triomphalement sur la tête de son confrère.

— Voilà votre affaire ! s'écria-t-il. Mais il ne s'était pas aperçu que ce prêtre avait le crâne de dimensions très réduites ; tandis que lui-même possédait une forte et large tête assortie à sa haute et vigoureuse stature. Le chapeau était donc enfoncé au-delà de toute esthétique et toute mesure. « Mais », explique Henri Lasserre en racontant la chose ; « grâce à trois ou quatre journaux insérés dans la coiffe, le contenant se prêta docilement à l'exigüité du contenu (1) ».

A Vic, à Aubarède, à Tarbes, où il fut successivement, l'inépuisable bonté et charité de l'abbé Peyramale prenait toutes les formes. A Tarbes, il dresse parmi les enfants du catéchisme des petits volontaires qui vont gaiement, comme récompense, visiter avec lui les malades et leur rendre quelques légers services ; comme ranimer leur feu, faire leurs commissions, mettre une tasse de tisane à leur portée. Ce n'est pas bien difficile, ce n'est pas bien long ! et combien cela rend service à un malade qui ne peut pas quitter son lit, descendre son escalier, ou à qui il est défendu de s'exposer à l'air froid pour aller chez le boulanger, ou chercher ses remèdes chez le pharmacien ou aux œuvres qui en distribuent !

Pourquoi cette habitude ne s'établirait-elle pas dans tous les catéchismes ?

(1) *Monseigneur Peyramale*, par Henri Lasserre.

Mais l'ingéniosité de l'abbé Peyramale à faire le bien, faillit tourner la tête à un brave domestique au service du curé de Vic ; voici comment :

Ce pauvre homme était vieux ; ses fonctions consistaient à puiser l'eau, soigner le cheval et scier le bois nécessaire à la journée, et il avait parfois peine à les remplir. Et voici qu'il arriva tout à coup que la besogne se trouvait faite sans qu'il la fît, et que lorsqu'il se levait le matin il n'avait plus rien à faire.

Or, au lieu d'attribuer ce miracle au Ciel, comme le mendiant aux souliers ; le pauvre François, c'était son nom, en conçut une agitation extrême. Il parlait tout seul, il se frappait le front, parfois, il entrait dans l'écurie et le bûcher et en ressortait précipitamment faisant maints et maints signes de croix. « Le curé s'en alarma », dit Henri Lasserre qui nous a transmis ainsi qu'il suit le dialogue de François avec son curé :

« François. dit celui-ci, tu as un secret qui te tourmente. Il y a quelque chose d'extraordinaire.

— « Oui, Monsieur le Curé, mais je ne puis vous le dire, car vous seriez désolé.

— « Parle, et ne crains rien.

— « François hésite, le prêtre finit par ordonner...

— « Eh bien, Monsieur le Curé, votre presbytère est hanté.

— « Comment ! Mon presbytère est hanté ! que dis-tu là ?

— « Oui, Monsieur le Curé, il y revient des esprits.

— « Mais tu es fou, mon pauvre François !

— « Je ne suis pas fou, Monsieur le Curé.

« Vous savez que, en allant me coucher, je ferme le presbytère à double tour. Depuis quarante ans je n'y ai pas manqué une seule fois.

— « Eh bien ?...

— « Eh bien, Monsieur le Curé, voilà (c'est à faire dresser les cheveux sur la tête), voilà que dans cette maison ainsi fermée, les esprits, il y a déjà trois semaines, se sont mis à travailler toute la nuit. Chaque soir, je laisse mes cruches vides, le lendemain, à cinq heures et demie je les trouve pleines. Chaque soir, je laisse le bois dans le bûcher; le matin il est scié. A l'écurie les esprits ont étrillé le cheval. Ils sortent certainement de sous terre, car la serrure du jardin est fermée à double tour et au verrou.

— « Il faut guetter, dit le curé.

— « Guetter? Je tomberais mort rien que de voir un esprit. J'entends bien quelquefois leur sabbat, mais je me pelotonne sous mes couvertures et je n'ose descendre qu'au petit jour (1) ».

Le curé se sentait assez courageux pour guetter, lui. C'est ce qu'il fit. Et le lendemain à quatre heures, il surprit en flagrant délit l'abbé Peyramale faisant secrètement la besogne du

(1) *Monseigneur Peyramale*, par Henri Lasserre.

vieux serviteur appesanti et fatigué par les ans!

« Tant qu'il ne fut que vicaire, l'abbé Peyramale pouvait donner son argent et ses effets personnels; mais au moins était-il obligé de respecter le mobilier du presbytère, qui ne lui appartenait pas, et il ne pouvait pas non plus disposer du pain qu'il y mangeait.

Mais quand il fut curé à Lourdes, sa passion de la charité ne connut plus de bornes.

En ce temps-là eut lieu à Lourdes, un fait qu'Henri Lasserre a qualifié « une arrestation remarquable méritant d'autant mieux d'être mentionnée que les chroniques ont rarement l'occasion d'en relater de semblables ».

C'était vers une heure du matin, par une nuit sombre; les rues de Lourdes étaient désertes, tout le monde étant sagement couché. Seuls s'y trouvaient deux habitants qui s'étaient attardés, ayant soupé à la campagne, et qui rentraient ensemble en ville.

Comme ils arrivaient sur la place Marcadal, ils aperçurent un individu portant sur les épaules un volumineux paquet, et qui essayait de se dissimuler dans l'ombre.

— Qui vive ? crièrent nos Lourdais.

Au lieu de répondre, l'individu suspect s'enfuit par une rue latérale.

— Les deux amis s'élancèrent à sa poursuite

mais l'inconnu avait de l'avance et il la conservait « la peur de la prison lui donnant des jambes », disaient les courageux citoyens.

Ceux-ci, ne parvenant pas à le rejoindre, feignirent d'abandonner la poursuite ; mais ils prirent habilement une rue détournée et se trouvèrent peu après en face du fuyard, qu'ils saisirent au collet : « Halte-là ! Tu ne nous échapperas pas ! »

Oh ! stupéfaction profonde ! Ce fuyard, ce malfaiteur c'était le curé Peyramale ! Et ce paquet suspect, c'était un de ses matelas qu'il portait chez un malade, probablement mal couché !

Les malades ; quelle prédilection, quel dévouement pour eux. Rien n'arrêtait le curé de Lourdes quand il avait un malade à assister et consoler. Un jour, il avait été invité par le curé d'une paroisse éloignée dans la montagne à l'inauguration d'un chemin de Croix. Il s'y était rendu avec son vicaire ; tous deux restèrent à dîner, devant revenir au clair de lune.

Mais la neige était tombée en abondance pendant qu'ils étaient à table, et quand les deux prêtres voulurent se mettre en route, on dut en constater la quasi impossibilité. La bourrasque était finie et le ciel était redevenu clair et la lune et les étoiles brillantes ; mais un épais manteau blanc couvrait uniformément montagnes et vallées, et toute trace de chemin avait disparu.

« Vous ne pouvez pas partir dans des condi-

tions pareilles, dit l'hôte, restez jusqu'à demain. »
Le vicaire était fort effrayé : « Ce serait impossible de distinguer toute route et sentier, » dit-il
à son tour.

« Restez ! dit l'abbé Peyramale, mais moi j'ai
des malades, il faut que je rentre. La montagne
me connaît et je connais la montagne ! »

Toutes les instances pour le retenir furent
vaines. La pensée de ces malades de sa paroisse
qui pourraient avoir besoin de lui, lui aurait fait
traverser les flammes, à plus forte raison la neige.
Le vicaire alors se résigna et proposa de l'accompagner. Mais le curé refusa, et prenant son gros
bâton qu'il appelait sa « houlette pastorale » il
partit.

Il connaissait bien la montagne, comme il l'avait dit, et ne se trompa point de chemin. Il suivit
les sentiers, quoiqu'ils fussent invisibles sous la
neige, et atteignit la grande route de Barège...
Là, il était à une ou deux heures de Lourdes.

La nuit était splendide, et il en admirait la
magnificence, en remerciant Dieu d'avoir créé
de si belles choses, lorsqu'il crut entendre des
pas très légers derrière lui. Il se retourna. A vingt
pas en arrière était un loup gigantesque aux yeux
flamboyants. Le curé continua son chemin, tout
en se retournant de temps en temps pour surveiller ce compagnon imprévu.

Le loup conservait exactement ses distances,
s'arrêtant quand le curé s'arrêtait, reprenant sa
marche quand il la reprenait.

Mais voici que les pas semblent plus près et plus pressés ; le curé se retourne : il y avait deux loups à présent, au lieu d'un ! et ils s'étaient rapprochés.

Le curé s'arrêta, les menaçant de sa formidable « houlette » ; les loups s'arrêtèrent aussi, mais ne reculèrent pas d'une semelle.

Il fallut continuer à marcher dans ces conditions peu rassurantes. Au bout d'une demi-heure, un troisième loup se joignit aux deux premiers ; et, enhardis, tous trois raccourcirent encore la distance qui les séparait du prêtre, d'un seul bond ils pouvaient s'élancer sur lui.

Il n'y avait plus qu'un parti à prendre : marcher à reculons pour faire constamment face à l'ennemi avec son bâton ferré. C'est ce que fit l'abbé Peyramale pendant un kilomètre environ qui restait à parcourir avant d'atteindre la ville, et ce fut en cette étrange société et posture qu'il y fit sa rentrée ; les loups, espérant sans doute jusqu'au dernier espoir, ayant persisté à lui faire escorte jusqu'au milieu de la Grande Rue.

Un des habitants sortant de sa maison tomba inopinément sur le groupe : « Qu'est-ce que c'est que cela ? Au secours ! » cria-t-il éperdûment, tandis que portes et fenêtres s'ouvraient à ses clameurs d'épouvante.

« Ce n'est rien ! dit le curé en riant ; ce sont trois compagnons qui ont tenu à me faire la conduite. Maintenant qu'ils m'ont ramené dans ma tanière, ils vont retourner à leur presbytère ! »

En effet les loups, voyant la partie perdue, s'enfuyaient à toutes jambes sans demander leur reste.

Le curé Peyramale appelait sa « clientèle » les pauvres, les infirmes, les affligés qui assaillaient son presbytère. « A chacun selon ses besoins, disait-il. Le pain à celui qui a faim, le vêtement à celui qui est nu, à celui-là un avis, à tel autre une réprimande, mais à tous le secours. » Et rien que la gaieté avec laquelle, il distribuait ces secours variés, était déjà un réconfort.

Mais cela n'allait pas, au presbytère, sans amener certaines difficultés. Le curé avait une brave servante qui gouvernait sa maison, et selon les traditions de la corporation, s'efforçait de le gouverner lui-même et de mettre des bornes à sa générosité. Le curé agissait donc le plus qu'il pouvait en cachette, mais souvent il était pris.

— Eh quoi ! Monsieur le Curé ; voici que vous avez donné votre gilet de flanelle tout neuf à ce mendiant ! Vous ne pouviez pas lui donner le vieux ! — « Cet homme, répondit majestueusement le curé, était assez riche en guenilles, il était inutile de lui en ajouter une de plus ! »

Une autre fois c'était une douzaine de chemises neuves qu'on venait d'apporter ; un pauvre passe pendant que la gouvernante essuyait l'armoire pour y déposer les chemises. Quand elle revint, il n'y en avait plus que dix. Elle se lamente : « Dire qu’il y en avait douze tout à l’heure, gémit-elle.

— « C’était un abus ! répondit le curé ; je les ai réduites au système décimal, c’est plus conforme à la loi ».

Mais quelques jours après il n’en restait plus que trois ; cette fois-ci l’abbé Peyramale s’en tira en latin. *Numero Deus impare gaudet*, émit-il d’un ton péremptoire.

Que répondre quand on ne sait pas le latin?

Parfois les incartades charitables du curé frisèrent le drame ; entre autres certain Mardi-Gras où, rentrant avec bon appétit, il passa par sa cuisine pour s’informer du déjeûner. C’est prêt, répondit la gouvernante ; la soupe est déjà sur la table, je n’ai plus qu’à aller chercher l’eau à la fontaine et à servir ce magnifique chapon que Mme D., vous a envoyé, et qui est là au chaud, rôti à point.

Très satisfaite du cadeau de Mme D., et de ses propres talents culinaires, la gouvernante, sur ces mots, descend à la fontaine, laissant son maître en tête à tête avec le chapon.

Mais alors survint un tiers que l’on n’attendait point : une pauvre femme, l’air misérable et désolé entre dans la cuisine. « Ah Monsieur le Curé ! mon mari est bien malade ; moi aussi, et nos enfants sont sans pain. »

Il n’en fallait pas si long pour exciter la compassion de Monsieur le Curé. Il dit de bonnes paroles, il donne une pièce d'argent, il donne un pain et une bouteille de vin.

Et comme la femme remerciait et s'en allait : « Attendez donc ! lui cria-t-il, pris d'une idée subite ; je veux que vous fassiez votre Mardi-Gras ! »

Et prenant le magnifique chapon de Mme D., il l'enveloppe vivement dans un grand papier : « Cachez-le dans votre tablier, dit-il à la femme et allez-vous en bien vite ! »

— « Pas par ici, ajouta-t-il en la voyant se diriger du côté de la fontaine ; vous y rencontreriez l'ennemi ! »

La brave femme qu'il désignait sous ce nom, rentra une minute après, apportant sa cruche d'eau ; et à ce moment le curé se rendit compte de sa responsabilité. Pour y échapper et dissimuler son embarras : « Allons vite ! servez le déjeuner », dit-il en passant vivement dans la salle à manger.

Mais au bout d'un instant éclatèrent dans la cuisine les clameurs désespérées qu'il ne prévoyait que trop : « Le chapon ! Le chapon a disparu ! Le chat a emporté le chapon ! Où est le chapon !!! »

Voyant qu'il n'était pas soupçonné, le curé, riant sous cape, se joignit hypocritement aux recherches de la pauvre cuisinière, qui allait et venait éperdue, regardant sous les meubles et continuant ses exclamations ; et il se félicitait d'en être quitte à si bon compte.

— Mais à ce moment surgit celui qu'on calomniait ainsi, et qu'il n'avait pas encore eu le courage de disculper, ne se rendant pas compte certainement des conséquences qui en pouvaient résulter. Le chat entra dans la cuisine, la queue en l'air, en ronronnant, l'air innocent et satisfait. Pauvre minet ! il avait suivi les apprêts du festin, et il avait calculé que le moment était venu d'en prendre sa part.

A sa vue, l'irascible Gouvernement se précipite vers le balai, déposé dans un coin. Devant ce geste et la criante injustice qui allait être commise, il fallut bien que le curé avouât : — « Arrêtez, cria-t-il, c'est moi qui ai volé le chapon ! Servez le fromage ! nous le mangerons après la soupe ! »

L'histoire prétend que jamais le curé n'avait déjeuné de si bon appétit. Mais elle ne dit pas comment minet s'expliqua ce changement de menu, qui avait failli lui être si préjudiciable, et qui n'était certainement pas de son goût.

Il est aisé de comprendre, d'après ces exemples de charité matérielle, quelle était la sollicitude de l'abbé Peyramale et son zèle pour les âmes ; et les merveilles de la Grâce, obtenues par le serviteur de Dieu, qui n'entendait pas qu'un seul de ses chers paroissiens s'en allât dans l'autre monde, sans le passeport qui devait en faire un élu.

Et il n'en fut guère (peut-être pas du tout) qui aient attendu cet ultime moment pour rentrer dans le devoir et faire la paix avec Dieu.

Une chose que l'abbé Peyramale, ne tolérait pas, c'était le travail du dimanche. Combien en effet (en plus que, c'est une désobéissance à la loi de Dieu) cette habitude est-elle néfaste et absurde !

Car, pourquoi Dieu a-t-il ordonné ce repos du Dimanche? Est-ce pour nous contrarier?

C'est parce que ce repos du septième jour est une loi établie par lui lors de la création du monde ; c'est parce que ce repos est une nécessité de notre nature pour le corps et pour l'âme; qu'il est nécessaire qu'en ce jour de trève pour le corps, l'âme se retrempe au contact des choses divines, et consacre un moment à la prière et au souvenir de ce que nous sommes : des passagers sur cette terre, dont la patrie est au Ciel.

La nécessité d'un jour de relâche par semaine est si universellement reconnue, que la question du repos hebdomadaire figure dans toutes les réclamations ouvrières ; et on sait bien que ceux qui ne gardent point le Dimanche, font le lundi! habitude où se perd tout sens moral et religieux. Pourquoi alors cet esprit de contradiction, ce parti pris ridicule de ne pas admettre le Diman-che, simplement parce que c'est le jour ordonné?

Partisan de la propagande par le fait, l'abbé Peyramale ne se contentait pas là-dessus des ser-mons en chaire. Le Dimanche, il montait dans le clocher de son église et de là, inspectait la campagne alentour, pour voir s'il ne surprendrait pas quelque délinquant.

Un jour, pendant le temps de la moisson, il aperçut, du haut de cet observatoire, un homme, qui chargeait des gerbes sur sa charrette ; c'était un des plus riches cultivateurs du pays ; le temps était superbe, sans un nuage, et le soleil brillant. Il n'avait donc l'excuse, ni de la misère qui force parfois à travailler quand même ; ni des menaces d'un orage qui aurait pu détériorer la récolte.

Le prêtre descendit dare-dare, et à grandes enjambées se rendit dans le champ, où il arrive juste comme l'homme ayant fini son chargement, se mettait en route pour l'emporter.

Après les salutations d'usage : — Où allez-vous donc comme cela ? lui demanda le curé.

— Vous le voyez, Monsieur le Curé, répond l'autre tant soit peu embarrassé, j'emporte ce blé.

— Aujourd'hui Dimanche ?

— Mais, Monsieur le Curé, n'y a-t-il pas des cas où il est permis de travailler le Dimanche ?

— Certainement, mon ami, certainement ; en cas de nécessité et après avoir demandé la permission à son curé. Eh bien, c'est justement le cas : 1º Il est nécessaire de remettre ces gerbes-là où elles étaient ; 2º L'autorisation je vous la donne, de le faire ; je vais même vous aider. Allons-y donc ! et travaillons vite et bien quoique Dimanche !

— Et voilà notre curé grimpant sur la charrette et démolissant l'habile échafaudage des gerbes qu'il rejette dans le champ. C'est qu'il était vigoureux le curé! et il avançait vite en besogne. — Ah! Monsieur le curé s'écria le bonhomme tout confus et voyant la résistance impossible; ne prenez pas cette peine! Je vais le faire, moi; pardonnez-moi, je ne recommencerai plus.

— Bon! dit l'abbé Peyramale, mais c'est à la condition que demain, en expiation, vous porterez une de ces gerbes à tels pauvres gens qui demeurent auprès de chez vous.

— Je leur en porterai quatre! répondit avec élan le nouveau converti; quadruplant la pénitence dans l'effusion de son repentir.

Telle était la vie simple et bonne de ce curé de campagne qui, tel que la petite bergère Bernadette, serait acclamé par le monde entier. Quand vint le moment de la mission divine, le curé de Lourdes se trouva prêt à la remplir. Obéissant aux ordres de la Sainte Vierge, à lui transmis par Bernadette, il bâtit la chapelle, il fonda le pèlerinage qu'Elle avait désirés.

Se rend-on compte de la signification sublime de ce mot?

— « Un pèlerinage, dit un auteur dont je regrette infiniment de ne plus me rappeler le nom; un pèlerinage est une chose magnifique et féconde. Quel inappréciable bienfait que ce rendez-vous de prières donné aux hommes par la puissance invisible qui dirige le monde! Que cet appel, en dehors de toute limite de Paroisse, de

Diocèse et même de Nations, à toutes les bonnes
volontés éparses sur la terre, à toutes les espérances
qui sentent le besoin de se vivifier et réconforter
par la foi des autres et la prière commune !

« En vérité rien n'est meilleur, plus salutaire
et plus beau !... La Vierge et le Seigneur se sont
manifestés, ils ont convoqué quiconque a besoin
d'implorer ; entre Là-Haut et ici-bas ils ont
ouvert une communication, une nouvelle Porte
du Ciel : *Janua Cœli.* »

Le pauvre prêtre de village, devenu l'apôtre
de l'Immaculée-Conception ; l'humble petite bergère, messagère de la Sainte Vierge, eurent la
gloire de fonder cette « chose magnifique et féconde ». Car Dieu ne s'adresse point aux su-
perbes pour ses œuvres les plus belles ; il choisit
les humbles et les petits.

Ils eurent aussi la gloire de subir la persécution, inhérente aux œuvres voulues de Dieu ; ils
eurent « *l'auréole suprême des grands saints celle
de la calomnie et de la dénonciation.* » Les dernières années du Curé, devenu Mgr Peyramale,
furent attristées par des difficultés de cet ordre, et
d'un ordre plus pénible encore, que sainte Thérèse
appelait « la contradiction des gens de bien » et
qu'elle avait eues à subir elle-même, comme tous
ceux qui ont une mission divine à remplir.

Le prêtre de la Mère de Dieu souffrit avec vaillance et continua jusqu'au bout la tâche qu'Elle
lui avait confiée.

Il mourut après une maladie courte, mais cruelle, le 8 septembre 1877, en la fête de la Nativité de la Très Sainte Vierge ; coïncidence divine car, du temps des premiers chrétiens, on appelait le jour de la mort jour de naissance à la vie éternelle...

Le curé de Lourdes est inhumé dans son église paroissiale, dont la construction encore inachevée avait été commencée par lui. Sur le tombeau, il y a une grande croix, sculptée en relief avec ces mots : *Pax, Caritas.* Diverses inscriptions sont gravées autour ainsi que des branches d'églantier représentant celui qui se trouvait aux pieds de la Sainte Vierge pendant ses apparitions.

L'une des inscriptions est celle-ci, rappel de la mission de l'apôtre de Notre-Dame de Lourdes et son honneur suprême :

Je Veux qu'on me construise
Ici une Chapelle.

*Message de la Très Sainte Vierge
au Curé Peyramale.*

CHAPITRE XLVII

Il y avait douze ans que Bernadette était entrée dans la vie religieuse ; onze ans qu'elle avait prononcé des vœux simples. Le 22 septembre 1878, elle prononça ses vœux perpétuels.

Le 11 décembre suivant, trois jours après la fête de l'Immaculée-Conception, saisie par de violentes douleurs, elle fut obligée de s'aliter et le docteur ne laissa que peu d'espoir.

Bernadette semblait dire elle-même que son heure était venue.

Les Religieuses auraient voulu la voir prier pour sa guérison : « Oh ! non, répondit-elle ; après cela, le Bon Dieu viendrait dire : Voyez cette petite Religieuse qui ne veut rien souffrir pour moi, moi qui ai tant souffert pour elle ! non pas, non pas ! »

Ses souffrances devinrent atroces. Une toux cruelle lui déchirait la poitrine, une carie des os du genou et de nombreuses écorchures, suite d'un long séjour au lit, mettaient son corps en lambeaux. Par moments, elle se tordait de douleur en jetant quelques cris ; elle s'en accusait ensuite comme d'un scandale, et en demandait pardon.

« Ma pauvre Sœur, lui disait-on un jour, vous êtes sur la Croix ! »

— « Oui, répondit-elle, mais avec Jésus. N'en croyez pas mes contorsions ; je souffre, mais *je suis contente de souffrir*. Tout cela est bon pour le Paradis... Ce que Dieu veut, comme Il le veut et autant qu'Il le veut. Je m'abandonne à lui et je mets ma joie à être la victime du cœur de Jésus. »

Le 19 mars, fête de Saint Joseph, envers qui elle avait une grande dévotion : — « Quelle grâce avez-vous demandée à Saint Joseph ? dit l'aumônier de la Communauté à Bernadette.

« — La grâce d'une bonne mort », répondit-elle.

Et à la gravité de son ton, son entourage comprit que le dénouement était proche.

Le vendredi, avant-veille du Dimanche de la Passion était, en cette année 1877, le 28 mars. La malade était d'une faiblesse extrême, on croyait les derniers moments venus, mais elle avait conservé sa pleine lucidité d'esprit, son enjouement et sa grâce un peu enfantine.

— « Je ne veux pas qu'on me donne l'Extrême-Onction encore », dit-elle.

— « Pourquoi ?

— « Parce que j'ai guéri toutes les fois que je l'ai reçue, et que je suis entrée en convalescence juste à partir de ce moment-là. »

Trois fois, en effet, elle était revenue des portes du tombeau après avoir reçu l'Extrême-Onction, et ceci nous inspire une réflexion :

L'Extrême-Onction est un sacrement des vivants, qui a été institué pour la guérison des malades ; ou, si ce n'est pas dans les vues de Dieu qu'ils guérissent, pour leur conférer les grâces d'une bonne mort ; mais le premier but est la santé.

Combien il serait donc avantageux pour les malades, de recevoir ce sacrement sitôt qu'ils sont dans les conditions requises, c'est-à-dire en danger de mort ! Au lieu de cela, on attend souvent que le cas soit désespéré. Or souvent, Dieu aurait pu accorder une grâce, là où Il ne fera pas un miracle.

Mais Bernadette se soumit à ce qu'on voulut ; et, cette fois, l'Extrême-Onction ne fut pas la fin de sa maladie. Elle avait reçu la Communion le même jour ; et, d'une voix dont la force et l'énergie étonnèrent en cet état de faiblesse, prononcé ces humbles paroles adressées à la Communauté :

« Ma très chère Mère, je vous demande pardon de toutes les peines que j'ai pu vous faire par mes infidélités dans la vie religieuse. Et à vous aussi, mes chères Sœurs, je demande également pardon de tous les mauvais exemples que je vous ai donnés... Priez pour moi! »

Elles étaient bien légères, les infidélités de Bernadette ; bien vénielles les fautes qu'elle avait pu commettre dans sa vie. Ils étaient bien inoffensifs, les « mauvais exemples » qu'elle avait pu donner. Mais elle se les reprochait comme de grands péchés, « car, disait-elle, j'ai reçu tant de grâces ! »

Et ces paroles de Bernadette elle-même ; quand il prononça quelques semaines après son oraison funèbre, Mgr l'Évêque de Nevers les commentait ainsi : « Les grâces reçues ne sont pas une garantie, parce qu'elles exigent une fidélité proportionnelle... »

Notre-Seigneur Jésus-Christ l'a dit en parabole dans l'Évangile : « Il sera beaucoup demandé à celui qui a beaucoup reçu », et cela doit nous rendre bien prudents et indulgents dans nos jugements sur les autres. Car, savons-nous si, à la place de ceux qui nous semblent valoir moins que nous, nous aurions fait aussi bien qu'eux ? et si d'autres, à notre place, n'auraient pas fait un meilleur usage que nous des grâces et des biens que nous avons reçus en partage ?

Dieu seul le sait et en jugera. Mais combien cela doit nous maintenir tous dans l'humilité et l'indulgence, et exciter nos efforts pour bien faire !

CHAPITRE XLVIII

Bernadette mourut le 16 avril, à trois heures de l'après-midi, comme Jésus sur la Croix; le mercredi, jour consacré à saint Joseph, à qui elle avait demandé une bonne mort. Mercredi de Pâques, anniversaire du miracle du cierge, vingt-et-un ans auparavant.

Elle avait eu trois semaines d'une véritable agonie. Dans ses crises, elle étendait ses bras en croix; serrant dans sa main le Crucifix, bénit par le Pape, qu'il lui avait envoyé. Elle demanda qu'on le lui attachât sur la poitrine, pour ne pas le quitter un instant.

— « Chère sœur, lui dirent les religieuses, à genoux au pied de son lit; nous prions Dieu de vous soulager, de vous consoler ».

— « Non non! répondit vivement Bernadette, non non! demandez seulement pour moi la force et la patience. Pas de consolation! Pas de soulagement! rien ici-bas! tout pour le Ciel! »

Une épreuve que Dieu permet fréquemment, et qui n'a pas épargné les plus grands saints, c'est l'angoisse et la terreur au seuil de la mort; Bernadette eut à la subir.

Le lundi de Pâques, elle se sentit soudain glacée d'effroi.

— « J'ai peur, dit-elle, j'ai peur! J'ai reçu tant de grâces. Ah que je tremble de n'en avoir pas profité comme il faut! »

Durant la nuit suivante, le démon, jaloux de sa gloire prochaine, essaya de l'épouvanter, de la troubler; on entendit la mourante dire à plusieurs reprises : « Va-t-en Satan, va-t-en! »

Le lendemain, elle dit à M. l'abbé Febvre, l'aumônier, que le démon avait tenté de l'effrayer en faisant mine de se jeter sur elle ; mais qu'elle avait invoqué le saint nom de Jésus, et qu'il avait disparu. Il ne revint pas; et les derniers moments furent calmes et paisibles.

Henri Lasserre a raconté minutieusement la mort de Bernadette; nous allons reproduire son récit :

« Le mercredi de Pâques, 16 avril, le soleil s'est levé très beau : comme un jour de fête. Et tous les prêtres de l'Univers chrétien en montant à l'autel, ont commencé par ces divines paroles l'*Introït* de la Messe : « Venez les bénis de mon père, et recevez le Royaume qui vous a été préparé dès l'origine du monde. *Alleluia! Alleluia! Alleluia!*

« A l'Offertoire, ils ont prononcé ce texte du Psalmiste : Le Seigneur a ouvert les portes du Ciel.

. . . .

« *Alleluia! Alleluia!* En vérité n'est-ce point en ce jour que Bernadette devait mourir! Venez les bénis de mon Père, recevoir le royaume qui vous a été préparé. *Alleluia!*

« Elle n'était point mourante, cependant, quand se leva l'aurore de cette fête. Et lorsque, vers l'*Angelus* du matin, ses compagnes croyant voir sur ses traits des signes alarmants, voulurent commencer les prières suprêmes : *Seigneur, assistez-moi dans ma dernière agonie*, Bernadette se récria doucement : — « Ce n'est point tout-à-
« fait la dernière agonie, mes chères sœurs;
« vous me faites réciter trop tôt ces prières et le
« moment n'est pas encore venu.

— « Mais c'est dans la crainte que, quand il sera venu, vous ne puissiez plus les réciter ni les entendre.

— « Alors, c'est bien.

« Et elle suivit ces prières avec une attention profonde et un recueillement pour ainsi dire sur-humain; son pâle visage étant comme le type immobile de l'invocation et de la Foi. Ses mains étreignaient le Crucifix avec une confiance absolue et une ineffable tendresse. Son regard, dont rien ne peut peindre l'éclat et l'amour; son regard lumineux, ardent et inexprimablement doux, se tenait immuablement fixé sur l'image de Jésus qui était appendue au mur de la salle. Spectacle sublime! C'était la mort embrassant l'éternelle vie.

. . . .

« Comme on achevait les prières des agonisants, Bernadette parut ravie tout-à-coup en une sorte de contemplation mystérieuse; et son visage exprima je ne sais quelle radieuse surprise. S'appuyant sur les mains, elle se souleva comme pour mieux voir l'objet de sa contemplation, et on entendit par trois fois un oh! de ravissement.

« Un peu après onze heures, elle demanda à être levée. On la plaça dans un fauteuil. Elle s'aperçut alors de l'heure au son de la cloche et, dans ce sentiment de charité et d'oubli d'elle-même qui était une de ses vertus et de ses grâces, elle s'excusa auprès de ses compagnes demeurées à ses côtés de retarder ainsi leur repas.

« Vers une heure, l'aumônier fut encore appelé. De nouveau, elle désira recevoir l'absolution. De nouveau, on lut les prières des agonisants qu'elle suivit avec la même attention et ferveur.

« Elle eut ensuite un long intervalle de calme. Un peu avant trois heures, elle exprima le désir que les nombreuses Sœurs qui se tenaient dans la chambre descendissent, selon la coutume, à la chapelle, pour y réciter les litanies du Saint-Sacrement.

« Les deux Sœurs infirmières restèrent.

« Presque aussitôt, elle parut envahie par d'intolérables souffrances. . . . .

« De sa main défaillante, elle saisit alors le Crucifix qu'elle avait sur son cœur et, le portant à ses lèvres, elle baisa amoureusement et lentement en s'y reprenant à deux fois, les cinq plaies du Sauveur Jésus. A cet instant, la Mère Marie-Nathalie qui était à la chapelle, se sentit intérieurement pressée de retourner en hâte près de la malade. La mourante tend les bras vers elle et, toujours craintive d'avoir manqué en quelque chose durant les années de sa vie religieuse, elle prononce une fois encore cette parole d'humilité : Pardonnez-moi et priez pour moi.

« La Mère Marie-Nathalie et les deux infirmières se prosternent et prient. Bernadette, à voix basse, s'associe à leurs invocations. Elle s'était unie aux souffrances du Seigneur Jésus.

« Donc, à trois heures, voici que passe sur son visage l'indicible expression de la douleur délaissée et de l'ultime abandonnement : — *Eli, Eli, lamma Sabbacthani!* — Elle lève les yeux au Ciel, étend les bras et jette un grand cri en disant :

— « Mon Dieu !...

« Un involontaire frémissement, un frisson de respect et de terreur, le souvenir de la suprême plainte du Dieu crucifié, fait tressaillir les Religieuses à genoux qui soutenaient les bras de l'agonisante toujours étendus en la forme sacrée de la Croix.

« *Stabat Mater.* La Mère de douleur qui se trouvait à la scène du Golgotha était là aussi, invisible et présente, assistant à l'agonie de cette enfant qu'elle aimait et à qui elle avait promis le bonheur, non dans ce monde, mais dans l'autre.

« Et Bernadette lui parla.

« Sa voix se fit entendre, claire et accentuée et elle répéta :

« Sainte Marie Mère de Dieu, priez pour moi pauvre pécheresse...

« Sainte Marie Mère de Dieu, priez pour moi pauvre pécheresse...

« Le souvenir et la responsabilité des grâces reçues l'avaient sans cesse effrayée durant toute sa vie. Elle fut humble jusqu'à la fin.

« Sentant toute la vie défaillir en elle, et croyant que sa prière, son amour, son élan, n'étaient point assez puissants par eux-mêmes, elle tourna son regard suppliant vers la sœur Nathalie et murmura faiblement :

« — Aidez-moi.

« Et l'assistante agenouillée lui donna le secours qu'elle demandait : une invocation fervente à la Mère de Dieu.

« Tout n'était point encore consommé. D'un geste expressif, car le souffle était si éteint qu'on n'entendait plus la voix, elle dit : « J'ai soif ».

« On lui présenta à boire. Et avant de toucher à la tasse qu'on lui offrait, elle fait, réunissant toutes ses forces, un grand signe de croix, que vingt ans auparavant, la Très Sainte Immaculée Vierge Marie avait fait devant elle, la première fois qu'elle lui apparut à la Grotte de Lourdes.

« Elle a bu quelques gouttes, on lui a essuyé les lèvres.

« Et ensuite, penchant la tête, elle a rendu le dernier soupir.

« Et tout aussitôt, aux célestes portiques, le chœur des Anges et des Élus a sans doute répété ces divines paroles que le chœur des prêtres de l'Église militante murmurait dès le matin sur la terre au seuil de tous les Tabernacles : « Le Seigneur a ouvert les portes du Ciel et l'humaine créature s'est assise au banquet des Anges... Venez, les bénis de mon père, recevoir le Royaume qui vous a été préparé dès l'origine du monde (1). »

---

(1) *Sœur Marie-Bernard*, par Henri Lasserre

CHAPITRE XLIX

La mort de Bernadette causa une émotion énorme dans la ville de Nevers ; malgré que presque personne ne l'avait jamais vue, sa présence semblait une bénédiction pour le pays ; tout le monde disait : « La Sainte vient de mourir ! »

Elle fut exposée dans la Chapelle dans son cercueil découvert et drapé de blanc. Elle portait une couronne de roses blanches sur la tête, ses pieds étaient couverts de fleurs. Aucune altération ne se voyait sur son visage, qui avait au contraire revêtu une beauté plus grande et plus suave. La foule se pressait dans la chapelle, on faisait toucher au corps de la Sainte morte des médailles et autres objets de piété, si bien que tous les magasins de la ville où on en vendait en étaient dépourvus le soir, tout le monde en ayant acheté pour cela.

Le 19 avril, jour des obsèques, l'affluence fut si grande qu'il fallut fermer les portes de l'église afin d'y pouvoir réserver des places au Clergé et aux Ordres Religieux. L'Évêque de Nevers, absent le jour de la mort était revenu en hâte, interrompant sa tournée pastorale.

On remarquait dans le chœur un prêtre âgé qui pleurait, c'était M. l'abbé Pomian, le vicaire de Lourdes qui faisait le catéchisme au moment des Apparitions. Henri Lasserre, « l'historien de Notre-Dame de Lourdes », était accouru aussi.

L'église avait plutôt une apparence de fête qu'une apparence de deuil. Un léger ruban de crêpe autour des chandeliers d'or de l'autel, rappelait seul la mort.

Ah ! n'était-ce pas une fête, en effet, que l'entrée de la nouvelle Élue au Ciel, où l'avait conviée la Mère de Dieu ?

Le drap mortuaire était couvert de roses, une splendide couronne de mousse et de fleurs, posée sur le cercueil. Les chants furent magnifiques.

Dans le jardin de Saint-Gildard s'élève une petite chapelle à saint Joseph, que Bernadette aimait tant (1). C'est là que fut déposé son cercueil, au pied de l'Autel. Le cortège qui l'y conduisit, parmi la verdure et les fleurs du jardin, avait l'air d'un cortège triomphal.

Le 22 septembre 1909, le corps de Bernadette fut exhumé, il était comme le jour où il avait été mis dans le tombeau, sans aucune trace de corruption ; il repose toujours dans la chapelle de Saint-Joseph.

(1) Voir l'*Appendice*.

CHAPITRE L

Le Pape Pie X, le 13 août 1913, a conféré à Bernadette le titre de vénérable, et a signé le décret qui introduit sa cause ; c'est-à-dire l'examen des faits et des titres qui conduisent à la béatification, puis à la canonisation. Peut-être que parmi mes jeunes lecteurs, il en est qui verront Bernadette, comme Jeanne d'Arc, honorée sur nos autels.

Pourquoi Bernadette est-elle une sainte ? Autant qu'il est permis de lui donner ce titre avant que l'Église se soit prononcée ?

Est-ce parce qu'elle a vu la Sainte Vierge, et qu'elle a été favorisée de grâces immenses ?

Comme on le sait, et comme, dans son humilité elle s'en effrayait elle-même ; ces grâces ne sont efficaces qu'autant qu'on y correspond en faisant la volonté de Dieu.

Mais précisément, Bernadette n'a songé qu'à cela, sur la terre : Faire la volonté de Dieu dans toutes les conditions et circonstances où Il l'avait placée.

Le grand mal des temps actuels, nous l'avons déjà signalé, c'est l'insouciance ou le mépris de la volonté de Dieu, de ses desseins sur nous ; c'est la vanité, l'égoïsme. l'ambition, l'avidité des jouissances de la terre ; en un mot le maté-rialisme.

C'est à la jeunesse française à réagir contre ces tendances, et à donner l'exemple au monde ; la Sainte Vierge ayant choisi dans ses rangs celle dont l'histoire doit servir d'enseignement à tous, chacun dans sa sphère ; car tous les enseigne-ments se trouvent en cette histoire.

La divine histoire de Notre-Dame de Lourdes et de Bernadette n'est pas finie, elle ne finira jamais ; et ils sont appelés, nos enfants, à la per-pétuer. Les Apparitions et miracles de la Sainte Vierge en notre pays, leur confèrent une obliga-tion en même temps qu'un privilège ;

La Fontaine de Grâces jaillie sous les doigts de la petite Bernadette coulera jusqu'à la consom-mation des siècles : Soyez fidèles à la Grâce, Enfants Français !

Vous avez vu, au cours de ce récit, la prédi-lection de la Sainte Vierge pour notre Patrie ; son amour pour ceux qui souffrent, pour les pauvres et les humbles de cœur ; pour les âmes de bonne volonté.

Vous avez vu les exemples du courage, de la patience, la résignation, que donne la foi chré-tienne ; et les injustices, méchancetés, abus de pouvoir et de force contre les faibles, vous en auront donné l'horreur.

Vous avez vu une petite fille qui, obscure et sans défense, n'a jamais craint de dire la vérité et d'affirmer les choses de Dieu, telle que les martyrs des anciens âges ; en face des puissants du jour, malgré les menaces et les persécutions. Et vous avez compris que dans la Foi et la Religion catholique, résident toute force, vérité et beauté.

A vous, à votre tour, de le proclamer comme Bernadette ! d'en démontrer la réalité en toutes circonstances ; non seulement par les paroles, dont l'occasion ne se trouve pas toujours, mais par les actes de la vie entière ; par l'exemple de la vertu, de la pureté, la droiture, la raison, la bravoure, la justice. La soumission aux parents, aux supérieurs ; l'obéissance à l'Eglise. Par la résignation et la patience dans la peine ; par la Charité, c'est-à-dire l'amour de Dieu et du prochain.

Voilà la mission patriotique et divine, que Notre-Dame de Lourdes a confiée aux Enfants de la France bien-aimée, et à laquelle ils ne failliront pas.

Marie-Zoë REUMONT de POLIGNY.

24 mars 1923.

En la fête de Saint Gabriel,
neuvième anniversaire de la mort de mon mari,
inhumé à Lourdes ; veille du jour de l'Annon-
ciation, où la Sainte Vierge a dit à Bernadette :
Je suis l'Immaculée-Conception.

Sainte Vierge bénie, ô Notre-Dame de Lourdes ; miséricordieuse et bonne ! En la cruelle nuit d'agonie qui précéda le 24 mars 1914, je vous avais crié : « Miracle ! Miracle ! ne le laissez pas mourir... »

En échange de ce miracle qui n'était pas dans les vues de Dieu, vous qui n'avez jamais repoussé une prière ; je vous supplie, en union avec mon mari dans le Ciel, de bénir ce livre et de nous accorder l'immense bonheur et grâce qu'il contribue quelque peu à votre gloire et au salut des âmes !

APPENDICE

Dans quelques légères divergences qui existent entre différents auteurs qui ont écrit sur les Apparitions de Lourdes et sur Bernadette, nous nous sommes conformés à la version d'Henri Lasserre, l'auteur spécialement autorisé par le bref du Pape Pie IX, que nous reproduisons ici.

I

BREF DE SA SAINTETÉ PIE IX

A L'AUTEUR DE

NOTRE-DAME DE LOURDES

A notre bien-aimé fils Henri Lasserre

PIE IX, PAPE

Bien-aimé fils, salut et bénédiction apostolique, Recevez nos félicitations, bien cher fils. Gratifié jadis d'un insigne bienfait, vous venez scrupuleusement et avec amour, d'accomplir le vœu que vous aviez fait : vous venez d'employer vos soins à prouver et à établir la récente apparition de la très clémente Mère de Dieu; et cela d'une telle manière, que la lutte même de l'extrême malice contre la miséricorde divine, sert précisément à faire ressortir avec plus de force et d'éclat la lumineuse évidence du fait.

Dans l'exposition que vous faites des événements, dans leur trame et leur enchaînement, tous les hommes pourront voir clairement et avec certitude comment notre sainte Religion tourne et aboutit au véritable avantage des peuples; comment elle comble de biens, non seulement célestes et spirituels, mais encore temporels et terrestres, tous ceux qui accourent à Elle. Ils pourront voir comment même en l'absence de toute force matérielle, cette Religion est toute puissante à maintenir l'ordre, comment parmi les multitudes émues, elle sait contenir dans de sages limites, l'emportement et l'indignation même juste des esprits agités. Ils pourront voir enfin comment le clergé coopère par ses loyaux efforts et par son zèle à de tels résultats, et comment bien loin de favoriser la superstition, il se montre infiniment plus lent et plus sévère que tout le monde, quand il s'agit de porter un jugement sur des faits qui semblent surpasser les forces de la nature.

Avec une non moins vive lumière, votre récit rendra manifeste cette vérité que l'impiété déclare tout à fait en vain la guerre à la Religion, et que les méchants tentent très inutilement d'entraver par des machinations humaines, les divins conseils de la Providence, la perversité des hommes et leur coupable audace servent au contraire de moyen à la Providence, pour donner à ses œuvres plus de puissance et plus de splendeur.

Telles sont les raisons qui nous ont fait accueillir avec la plus vive joie votre livre intitulé : *Notre-Dame de Lourdes*. Nous avons foi que Celle qui de toutes parts, attire vers Elle, par les miracles de sa puissance et de sa bonté des multitudes de pèlerins, veut également se servir de votre livre pour propager plus au loin et exciter envers Elle la piété et la confiance des hommes, afin que tous puissent participer à la plénitude de ses grâces.

Comme gage de ce succès que nous prédisons à votre œuvre, recevez Notre bénédiction apostolique que Nous vous adressons bien affectueusement en témoignage de Notre gratitude, de Notre paternelle bienveillance.

Donné à Rome, près Saint-Pierre, le 4 septembre 1869, de notre Pontificat l'an XXIV.

PIE IX, PAPE

II

Dilecto Filio Henrico Lasserre.

PIUS P. P. IX

Dilecte Fili salutem et Apostolicam Benedictionem.

Gratulamur tibi, Dilecte Fili, quod insigni auctus beneficio, votum tuum accuratissimo studio diligentaque ex solveris; et novam clementissimae Dei Matris Apparitionem ita testatam facere curaveris, ut e conflictu ipso humanae malitiae cum coelesti misericordia claritas eventus firmior ae luculentior appareret.

Omnes certe in proposita a te rerum serie perspicere poterunt, Religionem nostram sanctissimam vergere in veram populorum utilitatem ; confluentes ad se omnes supernis juxta et terrenis cumulari benefeciis; aptissimam esse ordini servando, vi etiam submata ; concitatos in turbis animorum motus licet justos compescere ; usque rebus sedulo ad laborare. Clerum, eumque adeo abesse a superstitione fovenda, ut imo segniorem se praebeat ac severioiem aliis omnibus in judicio, edendo de factis, quae naturae, vires excedere videntur. Nec minus aperte patibit, impietatem incassum indixisse Religioni bellum et frustra machinationes hominum divinae Providentiae consiliis obstare : quae imo nequitia eorum et ausu sic uti consuevit, ut majorem inde quaerat operibus suis splendorem et virtutem. Libentissime propterea excepimus

volumen tuum cui titulus *Notre-Dame de Lourdes* fore
fidentes, ut quae per mira potentiae ac benignitatis suae
signa undique frequentissimos advenas accersit, scripto
etiam tue uti velit ad propagadam latius ferendamque in
se pietatem hominum ac fiduciam ut de plenitudine, gra-
tiæ ejus omnes accipere possuit. Hujus, quem omninanur
exitus labori tuo auspicem accipe Benedictionem Apostolicam quam tibi grati animi Nostri et paternae benevolen-
tiae testem peramenter impertibus.

Datum Romae, apud S. Petrum, die 4 septembris 1869,
Pontificatus Nostri anno XXIV.

PIUS P. P. IX

III

Le Saint-Père fait allusion à une grâce insigne
accordée par Notre-Dame de Lourdes, à Henri Lasserre : celui-ci avait presque complètement perdu la
vue, et la science déclarait le mal incurable, lorsqu'il fut instantanément et complètement guéri par
une application d'eau de Lourdes sur les yeux, dans
sa chambre, à Paris, le vendredi 10 octobre 1862.

Il donne le récit de sa guérison dans son livre de
Notre-Dame de Lourdes.

IV

A plusieurs reprises le travail des carriers fut
détruit par la malveillance de la police et la nuit, on
vint combler et détruire leur primitive canalisation.
Cela donna lieu à un miracle particulièrement frappant, qu'un témoin Mme B. de S... nous a raconté en
ces termes il y a quelques jours.

J'avais dix ans alors. Habitant à Mauléon, près de Lourdes, nous y vînmes, ma mère, mòn oncle, ma tante et moi; une jeune femme arrivait en même temps que nous à la Grotte, portant un enfant de deux ans environ, dont le bras droit était ankylosé, ne pouvait pas se redresser et était desséché comme si, sur l'os, la peau livide et racornie était seule restée.

Notre déception fut grande de trouver un amas de boue et de pierrailles qui comblait et interceptait le cours de l'eau; au départ de la source, le long du rocher, l'eau refoulée remontait, humectait la paroi, y mettant comme une bande humide. La jeune mère prit le bras de son enfant et l'appuya sur cette trace : « Priez avec moi nous dit-elle! »

Jamais je n'ai oublié cet effet saisissant : le bras osseux et desséché de l'enfant sembla se gonfler; changea de forme et de couleur, se distendit, et en l'espace d'une minute peut-être, était revenu à l'état normal. Nous pleurions tous...

V

Ordonnance de Monseigneur l'Évêque de Tarbes, constitue d'une Commission chargée de constater l'authenticité et la nature des faits qui se sont produits depuis environ six mois, à l'occasion d'une Apparition, vraie ou prétendue de la Très Sainte Vierge dans une Grotte, sise à l'orient de la Ville de Lourdes.

« Bertrand Sévère Laurence, par la miséricorde divine et la grâce du Saint-Siège apostolique, évêque de Tarbes ; au clergé et aux fidèles de notre diocèse, salut et bénédiction en Notre-Seigneur Jésus-Christ.

« Des faits d'une haute gravité, se rattachant à la Religion, qui remuent le diocèse et retentissent au loin, se sont passés à Lourdes, depuis le 11 février dernier.

« Bernadette Soubirous, jeune fille de Lourdes, âgée de quatorze ans, aurait eu des visions dans la Grotte de Massabielle, située à l'ouest de cette ville, la Vierge Immaculée lui aurait apparu. Une fontaine y aurait surgi. L'eau de cette fontaine prise en boisson et en lotions, aurait opéré un grand nombre de guérisons, ces guérisons seraient réputées miraculeuses. Des gens en foule sont venus et viennent encore, soit de notre diocèse, soit des diocèses voisins, demander à cette eau la guérison de leurs maux divers, en invoquant la Vierge Immaculée.

« L'autorité civile s'en est émue.

« De toutes parts, et dès le mois de mars dernier, on demande que l'autorité ecclésiastique s'explique sur ce pèlerinage improvisé.

« Nous avons d'abord cru que l'heure n'était pas venue de nous occuper utilement de cette affaire ; que pour asseoir le jugement qu'on attend de nous, il fallait procéder avec une sage lenteur, se défier de l'entraînement des premiers jours, laisser calmer les esprits, donner le temps de la réflexion et demander des lumières à une observation attentive et éclairée.

« Trois classes de personnes font appel à notre décision, mais dans des vues différentes.

« Ce sont d'abord celles qui, se refusant à tout examen, ne voient dans les faits de la Grotte et dans les guérisons, attribuées à l'eau de la fontaine, que superstitutions, jongleries et moyens de faire des dupes. Il est évident que nous ne pouvons être de leur avis *a priori* et sans un sérieux examen, leurs journaux ont d'abord crié, et bien haut, à la superstition, à la supercherie à la mauvaise foi ; ils ont affirmé que les faits de la Grotte avaient leur raison d'être dans un intérêt sordide, une cupidité coupable, et ont ainsi blessé le sens moral de nos populations chrétiennes. Le parti de tout nier, d'accuser les intentions, est le plus facile pour trancher les difficultés, nous en convenons ; mais outre qu'il est peu loyal, il est déraisonnable et plus propre à irriter les esprits qu'à les convaincre. Nier la possibilité des faits surnaturels, c'est suivre une école surannée, c'est abjurer la Religion chrétienne, et se traîner dans l'ornière de la philosophie incrédule du siècle dernier. Nous ne pouvons, nous catholiques, ni prendre conseil dans cette circonstance auprès des personnes qui dénient à Dieu le pouvoir de faire des exceptions aux lois générales qu'il a établies pour gouverner le monde, l'ouvrage de ses mains, ni entrer en discussion avec elles pour arriver à connaître si tel ou tel fait est surnaturel, attendu *que d'avance*, elles proclament que le surnaturel est impossible. Est-ce à dire que nous repoussons sur les faits dont il s'agit, une discussion large, sincère, consciencieuse, éclairée par la science et ses progrès ? Non, certes, nous l'appelons au contraire de tous nos vœux. Nous voulons que ces faits soient d'abord soumis aux règles sévères de la certitude qu'admet une sainte philosophie, qu'ensuite pour décider si ces faits sont surnaturels et divins, on appelle à la discussion de ces graves et difficiles questions, des hommes spéciaux et versés dans les sciences de la théologie mystique, de la médecine, de la physique, de la chimie, de la géologie, etc., etc..., enfin que la science soit entendue et qu'elle se prononce. Nous désirons avant tout que pour arriver à la vérité aucun moyen ne soit omis.

« Il est une autre classe de personnes qui n'approuvent ni ne blâment les faits que l'on raconte, mais qui suspendent leur jugement; avant de se prononcer, elles désirent connaître la décision de l'autorité compétente, et la sollicitent de tous leurs vœux.

« Il est enfin une troisième classe très nombreuse, et qui a déjà sur les faits qui nous occupent des convictions acquises, quoique prématurées. Elle attend avec une vive impatience que l'Évêque diocésain prononce en premier ressort sur cette grave affaire. Bien qu'elle espère de notre part une décision favorable à ses pieux sentiments, nous connaissons assez sa soumission à l'Église, pour être assuré qu'elle accueillera notre jugement quel qu'il soit, dès qu'il lui sera connu.

« C'est donc pour éclairer la Religion et la piété de tant de milliers de fidèles, pour répondre à un besoin public, fixer des incertitudes et calmer les esprits, que nous cédons aujourd'hui aux instances qui se renouvellent depuis longtemps de toutes parts; nous appelons la lumière sur des faits qui intéressent au plus haut degré les fidèles, le culte de Marie, la Religion elle-même. Nous avons résolu à cet effet d'instituer dans le diocèse, une Commission permanente, pour recueillir et constater les faits qui se sont passés ou qui pourraient se produire encore dans la Grotte de Lourdes ou à son occasion ; pour nous les signaler, nous en faire connaître le caractère et nous

fournir ainsi les éléments indispensables, afin d'ar
river à une solution.

« A ces causes.

« Le saint nom de Dieu invoqué.

« Nous avons ordonné et ordonnons ce qui suit :

ARTICLE 1ᵉʳ. — Une Commission est instituée dans
le diocèse de Tarbes, à l'effet de rechercher :

« 1º Si des guérisons ont été opérées par l'usage de
l'eau de la Grotte de Lourdes, soit en boisson, soit
en lotions, et si ces guérisons peuvent s'expliquer
naturellement ou si elles doivent être attribuées à une
cause surnaturelle.

« 2º Si les visions que prétend avoir eu dans la
Grotte ; Bernadette Soubirous sont réelles, et dans ce
cas, si elles peuvent s'expliquer naturellement ou si
elles revêtent un caractère surnaturel et divin.

« 3º Si l'objet apparu a fait des demandes, manifesté
des intentions à cette enfant ; si celle-ci a été chargée
de les communiquer, à qui, et quelles seraient les
demandes ou intentions manifestées.

« 4º Si la fontaine qui coule aujourd'hui dans la
Grotte, existait avant la vision que Bernadette Soubirous prétend avoir eue.

« ARTICLE 2. — La Commission ne nous présen-
tera que des faits établis sur des preuves solides, elle
nous adressera sur ces faits, des rapports circons-
tanciés contenant son avis.

« ARTICLE 3. — MM. les Doyens du diocèse seront
les principaux correspondants de la Commission ; ils
sont priés de lui signaler :

« 1º Les faits qui se seront produits dans leurs
doyennés respectifs.

« 2° Les personnes qui pourraient rendre témoignage sur l'existence de ces faits.

« 3° Celles qui, par leur science, pourraient éclairer la Commission.

« 4° Les médecins qui auraient soigné les malades avant leur guérison.

« ARTICLE 4. — Après renseignements pris, la Commission pourra faire procéder à des enquêtes. Les témoignages seront reçus sous la foi du serment. Lorsque les enquêtes se feront sur les lieux, deux membres au moins de la Commission s'y transporteront.

« ARTICLE 5. — Nous recommandons avec instance à la Commission, d'appeler souvent dans son sein des hommes versés dans les sciences de la médecine, de la physique, de la chimie, de la géologie, etc... Afin de les entendre discuter les difficultés qui pourraient être de leur ressort à certains points de vue et de connaître leur avis. La Commission ne doit rien négliger pour s'entourer de lumières et arriver à la vérité quelle qu'elle soit.

« ARTICLE 6. — La Commission se compose des neuf membres du Chapitre de notre cathédrale, des Supérieurs de nos grands et petits Séminaires, des Supérieurs des Missionnaires du diocèse, du curé de Lourdes et des professeurs du dogme, de morale et de physique de notre Séminaire. Le professeur de chimie de notre Petit Séminaire sera souvent entendu.

« ARTICLE 7. — M. Morago, chanoine-archiprêtre est nommé Président de la Commission. MM. les chanoines Tabariès et Soudé sont nommés vice-présidents. La Commission nommera un secrétaire et deux vice-secrétaires, pris dans son sein.

« ARTICLE 8. — La Commission commencera ses travaux immédiatement, et se réunira aussi souvent qu'elle le jugera nécessaire.

« Donné à Tarbes, dans notre Palais Épiscopal, sous notre seing, notre sceau et le contre-seing de notre secrétaire, le 28 juillet 1858.

« BERTRAND SÉVÈRE, *Évêque de Tarbes*.

« *Par mandement,*
« FOURCADE, *chanoine, secrétaire.* »

VI

Mandement de Monseigneur l'Évêque de Tarbes, portant jugement sur l'Apparition qui a eu lieu à la Grotte de Lourdes.

« Bertrand Sévère Laurence, par la miséricorde divine et la grâce du Saint-Siège apostolique, évêque de Tarbes, assistant au trône pontifical, etc...

« Au clergé et aux fidèles de notre diocèse salut et bénédiction en Notre-Seigneur Jésus-Christ.

« A toutes les époques de l'humanité, nos Bien-aimés coopérateurs et nos Très Chers Frères ; de merveilleuses communications se sont établies entre le Ciel et la Terre. Dès l'origine du monde, le Seigneur apparut à nos premiers parents, pour leur reprocher le crime de leur désobéissance. Dans les siècles suivants, nous le voyons converser avec les patriarches et les prophètes, et l'Ancien Testament est souvent l'histoire des célestes apparitions dont furent favorisés les enfants d'Israël.

« Ces divines faveurs ne devaient pas cesser avec la Loi mosaïque; au contraire elles devaient être sous la loi de grâce, et plus nombreuses et plus éclatantes.

« Dès le berceau de l'Église, dans ces temps de persécution sanglante, les chrétiens recevaient la visite de Jésus-Christ ou des anges, qui venaient tantôt leur révéler les secrets de l'avenir, tantôt les délivrer de leurs chaînes, tantôt les fortifier dans les combats. C'est ainsi, selon la pensée d'un judicieux écrivain, que Dieu encourageait ces illustres confesseurs de la foi, alors que les puissants de la terre réunissaient tous leurs efforts pour étouffer dans son germe la doctrine qui devait sauver le monde.

« Ces manifestations surnaturelles ne furent pas le partage exclusif des premiers siècles du christianisme. L'histoire atteste qu'elles se sont perpétuées d'âge en âge, pour la gloire de la Religion et l'édification des fidèles.

« Parmi les célestes Apparitions, celles de la Très Sainte Vierge occupent une large place, et elles ont été pour le monde une source de bénédictions. En parcourant l'univers catholique, le voyageur rencontre, placés de distance en distance, des temples consacrés à la Mère de Dieu, et plusieurs de ces monuments doivent leur origine à l'Apparition de la Reine du Ciel.

« Grâces soient rendues au Tout-Puissant. Dans les trésors infinis de ses bontés, il nous réserve une faveur nouvelle. Il veut que dans le diocèse de Tarbes un nouveau sanctuaire soit élevé à la gloire de Marie. Et quel est l'instrument dont il va se servir pour nous communiquer ses desseins de miséricorde? C'est encore ce qu'il y a de plus faible dans le monde : une enfant de quatorze ans, Bernadette Soubirous, née à Lourdes d'une famille pauvre ».

Ici, Sa Grandeur racontait sommairement les apparitions de la Très Sainte Vierge à Bernadette. Le lecteur les connaît. Mgr Laurence discutait ensuite les faits.

« Tel est en substance, continuait le Prélat, le récit que nous avons recueilli de la bouche de Bernadette, en présence de la Commission réunie pour l'entendre une seconde fois.

« Ainsi la jeune fille aurait vu et entendu un être se disant l'Immaculée Conception et qui, bien que revêtu d'une forme humaine, n'aurait été ni vu ni entendu par aucun des nombreux spectateurs présents à la scène. Ce serait par conséquent un être surnaturel. Que faut-il penser de cet événement?

« Vous ne l'ignorez pas, Nos Très Chers Frères, l'Église apporte une sage lenteur dans l'appréciation des faits et demande des preuves certaines, avant de les admettre et de les proclamer divins. Depuis la déchéance originelle, l'homme, surtout en cette matière, est sujet à bien des erreurs. S'il n'est pas égaré, par sa raison devenue si débile, il peut être victime des artifices du démon. Qui ne sait que parfois il se transforme en ange de lumière pour nous faire tomber plus facilement dans ses pièges? (1) Aussi le disciple bien-aimé nous recommande-t-il de ne pas croire à tout esprit, mais d'éprouver si les esprits viennent de Dieu. Cette épreuve nous l'avons faite, nos Très

____

(1) II Can. Cap. xi, v. 14.

Chers Frères, l'événement dont nous nous entretenons est, depuis quatre années, l'objet de notre sollicitude, nous l'avons suivi dans ses phases différentes, nous nous sommes inspiré auprès de la commission composée de prêtres pieux, instruits, expérimentés, qui ont interrogé l'enfant, étudié les faits, tout examiné, tout pesé. Nous avons aussi invoqué l'autorité de la science, et nous sommes demeurés convaincus que l'Apparition est surnaturelle et divine, et que par conséquent ce que Bernadette a vu c'est la Très Sainte Vierge. Notre conviction s'est formée sur le témoignage de Bernadette, mais surtout d'après les faits qui se sont produits et qui ne peuvent être expliqués que par une intervention divine.

« Le témoignage de la jeune fille présente toutes les garanties que nous pouvons désirer. Et d'abord sa sincérité ne saurait être mise en doute. Qui n'admire en l'approchant, la simplicité, la candeur, la modestie de cette enfant ? Pendant que tout le monde s'entretient des merveilles qui lui ont été révélées, seule elle garde le silence : elle ne parle que quand on l'interroge ; alors elle raconte tout sans affectation, avec une ingénuité touchante et aux nombreuses questions qu'on lui adresse, elle fait sans hésiter des réponses nettes, précises, pleines d'à-propos, empreintes d'une forte conviction. Soumise à de fortes épreuves, elle n'a jamais été ébranlée par les menaces ; aux offres les plus généreuses, elle a répondu par un noble désintéressement. Toujours d'accord avec elle-même, elle a, dans les différents interrogatoires qu'on lui a fait subir, constamment maintenu ce qu'elle avait dit, sans y rien ajouter, sans en rien retrancher. La sincérité de Bernadette est donc incontestable, ajoutons qu'elle est incontestée. Ses contradicteurs quand elle en a eu, lui ont eux-mêmes rendu cet hommage.

« Mais si Bernadette n'a pas voulu tromper, ne s'est-elle pas trompée elle-même? N'a-t-elle pas cru voir et entendre ce qu'elle n'a point vu, ni entendu? N'a-t-elle pas été victime d'une hallucination? — Comment pourrions-nous le croire? La sagesse de ses réponses révèle dans cette enfant un esprit droit, une imagination calme, un bon sens au-dessus de son âge. Le sentiment religieux n'a jamais présenté en elle un caractère d'exaltation, on n'a constaté dans la jeune fille ni désordre intellectuel, ni altération de sens, ni bizarrerie de caractère, ni affection morbide, qui ait pu la disposer à des créations imaginaires. Elle a vu, non pas une fois seulement, mais dix-huit fois ; elle a vu d'abord subitement alors que rien ne pouvait la préparer à l'événement qui s'est accompli ; et durant la quinzaine, lorsqu'elle s'attendait à voir tous les jours, elle n'a rien vu pendant deux jours, quoiqu'elle se trouvât dans le même milieu et dans des circonstances identiques. Et puis, que se passait-il pendant les apparitions ? Il s'opérait une transformation dans Bernadette, sa physionomie prenait une expression nouvelle, son regard s'enflammait, elle voyait des choses qu'elle n'avait pas vues, elle entendait un langage qu'elle n'avait pas entendu, dont elle ne comprenait pas toujours le sens, et dont cependant elle conservait le souvenir. Ces circonstances réunies ne permettent pas de croire à une hallucination, la jeune fille a donc réellement vu et entendu un être se disant l'Immaculée Conception, et ce phénomène ne pouvant s'expliquer naturellement, nous sommes fondés à croire que l'apparition est surnaturelle.

« Le témoignage de Bernadette, déjà important par lui-même, emprunte une force toute nouvelle, nous dirons même son complément, des faits merveilleux qui se sont accomplis depuis le premier événement. Si l'on doit juger l'arbre par ses fruits, nous pouvons dire que l'Apparition racontée par la jeune fille est surnaturelle et divine, car elle a produit des fruits surnaturels et divins. Que s'est-il passé, nos Très Chers Frères ? L'Apparition était à peine connue que la nouvelle s'en répandit avec la rapidité de l'éclair, on savait que Bernadette devait aller pendant quinze jours à la Grotte : et voilà que toute la contrée s'ébranle ; des flots de peuple se précipitent vers le lieu de l'Apparition, on attend avec une religieuse impatience l'heure solennelle ; et pendant que la jeune fille ravie, hors d'elle-même, est absorbée par l'objet qu'elle contemple, les témoins de ce prodige, émus, attendris, se confondent dans un même sentiment d'admiration et de prière.

« Les Apparitions ont cessé, mais le concours continue ; les pèlerins venus des contrées lointaines, comme des pays voisins, accourent à la Grotte ; on voit s'y presser tous les âges, tous les rangs, toutes les conditions. Et quel est le sentiment qui pousse ces nombreux visiteurs ? Ah ! ils viennent à la Grotte pour prier et demander quelques faveurs à l'Immaculée Marie. Ils prouvent par leur attitude recueillie qu'ils sentent comme un souffle divin qui anime ce rocher devenu à jamais célèbre. Des âmes déjà chrétiennes se sont fortifiées dans la vertu ; des hommes glacés par l'indifférence ont été ramenés aux pratiques de la Religion, des pécheurs obstinés se sont réconciliés avec Dieu, après qu'on a eu invoqué en leur faveur Notre-Dame de Lourdes. Ces merveilles de la grâce, qui portent un caractère d'universalité et de durée, ne peuvent avoir que Dieu pour auteur. Ne viennent-elles pas, par conséquent, confirmer la vérité de l'Apparition ?

« Si des effets produits pour le bien des âmes, nous passons à ceux qui concernent la santé du corps, que de nouveaux prodiges n'avons-nous pas à raconter ? »

Nos lecteurs se souviennent du jaillissement de la Source, où Bernadette but et se lava, en présence de la multitude. Il serait superflu de répéter ici ces détails.

« Des malades, reprenait l'Évêque, essayèrent de l'eau de la Grotte, et ce ne fut pas sans succès ; plusieurs dont les infirmités avaient résisté aux traitements les plus énergiques, recouvrèrent subitement la santé. Ces guérisons extraordinaires eurent un immense retentissement, le bruit s'en répandit bientôt au loin.

« Des malades de tous les pays demandèrent de l'eau de Massabielle, quand ils ne pouvaient pas se transporter eux-mêmes à la Grotte. Que d'infirmes guéris ! Que de familles consolées !... Si nous voulions invoquer leurs témoignages, ce sont des voix innombrables qui s'élèveraient pour proclamer avec l'accent de la reconnaissance l'efficacité souveraine de l'eau de la Grotte. Nous ne pouvons faire ici l'énumération de toutes les faveurs obtenues ; mais ce que nous vous devons dire, c'est que l'eau de Massabielle a guéri des malades abandonnés et déclarés incurables. Ces guérisons ont été opérées par l'emploi d'une eau privée de toute qualité naturelle curative, au rapport d'habiles chimistes qui en ont fait une rigoureuse analyse. Elles ont été opérées, les unes instantanément, les autres après l'usage de cette eau, deux ou trois fois répété, soit en boisson, soit en lotion. En outre, ces guérisons sont permanentes. Quelle est la puissance qui les a produites ? Est-ce la puissance de l'organisme? La science consultée à ce sujet a répondu négativement. Ces guérisons sont donc l'œuvre de Dieu. Or, elles se rapportent à l'Apparition : c'est elle qui en est le point de départ ; c'est elle qui a inspiré la confiance des malades ; il y a donc une liaison étroite entre les guérisons et l'Apparition ; l'Apparition est divine, puisque les guérisons portent un cachet divin. Mais ce qui vient de Dieu est vérité ! Par conséquent, l'Apparition se disant l'Immaculée Conception, ce que Bernadette a vu et entendu c'est la TRÈS SAINTE VIERGE ! Écrions-nous donc : Le doigt de Dieu est ici ! *Digitus Dei est hic.*

« Comment ne pas admirer, nos Très Chers Frères; l'économie de la divine Providence? A la fin de l'année 1854, l'immortel Pie IX proclamait le dogme de l'Immaculée-Conception. Les échos portèrent jusqu'aux extrémités de la Terre les paroles du Pontife, les cœurs catholiques tressaillirent d'allégresse, et partout on célébra le glorieux privilège de Marie par des fêtes, dont le souvenir restera à jamais gravé dans notre mémoire. Et voilà qu'environ trois ans après, la Sainte Vierge apparaissant à une enfant, lui dit : Je suis l'Immaculée-Conception... *Je veux qu'on élève ici une chapelle en mon honneur.* Ne semble-t-elle pas vouloir consacrer par un monument, l'oracle infaillible du successeur de saint Pierre?

« Et où veut-elle que ce monument soit érigé? C'est au pied de nos montagnes pyrénéennes, contrées où se réunissent les nombreux étrangers qui, de toutes les parties du monde, viennent demander la santé à nos eaux thermales. Ne dirait-on pas qu'elle convie les fidèles de toutes les nations, à venir l'honorer dans le nouveau temple qui lui sera bâti.

« Habitants de la Ville de Lourdes, réjouissez-vous, l'Auguste Marie daigne abaisser sur vous ses regards miséricordieux. Elle veut, qu'à côté de votre cité on lui élève un sanctuaire où Elle répandra ses bienfaits. Remerciez-la de ce témoignage de prédilection qu'Elle-même vous donne, et puisqu'Elle vous prodigue ses tendresses de Mère, montrez-vous ses enfants dévoués par l'imitation de ses vertus et votre attachement inébranlable à la Religion.

« Du reste, nous aimons à le reconnaître, l'Apparition a déjà porté parmi vous des fruits abondants de salut. Témoins oculaires des événements de la Grotte et de ses heureux résultats, votre confiance a été grande, comme a été forte, votre conviction. Nous avons admiré votre prudence, votre docilité à suivre nos conseils de soumission à l'Autorité civile, lorsque pendant quelques semaines, vous avez dû cesser vos visites à la Grotte et refouler dans vos cœurs les sentiments que vous avait inspirés le spectacle qui avait si vivement frappé vos yeux pendant la quinzaine des apparitions.

« Et vous tous, nos Bien-Aimés Diocésains, ouvrez vos cœurs à l'espérance ; une ère nouvelle de grâces commence pour vous : vous êtes tous appelés à recueillir votre part des bénédictions qui nous sont promises...

... « La Vierge Immaculée veillera sur vous et vous couvrira de sa protection tutélaire. Oui, nos Très Chers Collaborateurs et nos Très Chers Frères, si, le cœur plein de confiance, nous tenons les yeux fixés sur cette Etoile de la mer, nous traverserons, sans crainte du naufrage, les tempêtes de la vie et nous arriverons sains et saufs au port de l'éternel bonheur.

A ces causes.

« Après avoir conféré avec nos Vénérables Frères et dignitaires, chanoines et Chapitre de notre Église cathédrale.

LE SAINT NOM DE DIEU INVOQUÉ.

« Nous fondant sur les règles sagement tracées par Benoît XIV, dans son ouvrage de la *Béatification et de la Canonisation des Saints*, pour le discernement des Apparitions vraies ou fausses (1).

« Vu le rapport favorable qui nous a été présenté par la Commission chargée d'informer sur l'Apparition à la Grotte de Lourdes et sur les faits qui s'y rattachent ;

« Vu le témoignage écrit des Docteurs médecins que nous avons consultés au sujet de nombreuses guérisons obtenues à la suite de l'emploi de l'eau de la Grotte.

« Considérant d'abord que le fait de l'Apparition envisagé, soit dans la jeune fille qui l'a rapporté, soit surtout dans les effets extraordinaires qu'il a produits, ne saurait être expliqué que par l'intermédiaire d'une cause surnaturelle ;

« Considérant en second lieu que cette cause ne peut être que divine, puisque les effets produits étant, les uns des signes sensibles de la grâce, comme la conversion des pécheurs ; les autres des dérogations aux lois de la nature, comme les guérisons miraculeuses, ne peuvent être rapportés qu'à l'auteur de la grâce et au Maître de la nature.

(1) Livre III, chapitre Ier.

« Considérant enfin que notre conviction est fortifiée par le concours immense et spontané des fidèles à la Grotte, concours qui n'a point cessé depuis les premières apparitions et dont le but est de demander des faveurs ou de rendre des grâces pour celles déjà obtenues.

« Pour répondre à la légitime impatience de notre vénérable Chapitre, du Clergé, des laïques de notre diocèse et de tant d'âmes pieuses qui réclament depuis longtemps de l'Autorité ecclésiastique une décision que des motifs de prudence nous ont fait retarder;

« Voulant aussi satisfaire aux vœux de plusieurs de nos collègues dans l'Épiscopat et d'un grand nombre de personnages distingués, étrangers au diocèse;

« Après avoir invoqué les lumières du Saint-Esprit et l'assistance de la Très Sainte Vierge;

« *Avons déclaré, et déclarons ce qui suit :*

« ARTICLE 1ᵉʳ. — Nous jugeons que l'Immaculée Marie, Mère de Dieu, a réellement apparu à Bernadette Soubirous, le 11 février 1858 et jours suivants, au nombre de dix-huit fois dans la Grotte de Massabielle, près de la ville de Lourdes; que cette apparition revêt tous les caractères de la vérité et que les fidèles sont fondés à la croire certaine.

« Nous soumettons humblement notre Jugement, au Jugement du Souverain Pontife, qui est chargé de gouverner l'Église universelle.

« ARTICLE 2. — Nous autorisons dans notre diocèse le culte de Notre-Dame de la Grotte de Lourdes, mais nous défendons de publier aucune formule particulière de prières, aucun cantique, aucun livre de dévotion relatifs à cet événement sans notre approbation donnée par écrit.

« Article 3. — Pour nous conformer à la volonté de la Sainte Vierge, plusieurs fois exprimée lors de l'Apparition, nous nous proposons de bâtir un sanctuaire sur le terrain de la Grotte, qui est devenu la propriété des Évêques de Tarbes.

« Cette construction, vu la position abrupte et difficile des lieux, demandera de longs travaux et des fonds relativement considérables. Aussi avons-nous besoin, pour réaliser notre pieux projet, du concours des prêtres et des fidèles de notre diocèse, des prêtres et des fidèles de la France et de l'Étranger. Nous faisons appel à leur cœur généreux et particulièrement à toutes les personnes pieuses de tous les pays qui sont dévouées au culte de l'Immaculée-Conception de la Vierge Marie.

« Article 4. — Nous nous adressons avec confiance aux établissements des deux sexes consacrés à l'enseignement de la jeunesse, aux Congrégations des Enfants de Marie, aux Confréries de la Sainte Vierge et aux diverses Associations pieuses, soit de notre diocèse, soit de la France entière...

« Sera notre présent mandement lu et publié dans toutes les églises, dans les chapelles et oratoires des séminaires, collèges et hospices de notre diocèse, le dimanche qui suivra sa réception.

« Donné à Tarbes, dans notre Palais épiscopal, sous notre seing, notre sceau et le contre-seing de notre secrétaire, le 18 janvier 1862, fête de la Chaire de Saint-Pierre, à Rome.

« BERTRAND SÉVÈRE, Évêque de Tarbes.

« Par Mandement,
« FOURCADE, Chanoine secrétaire ».

VII

En souvenir de Bernadette, une œuvre de prières a été fondée pour la conversion des pécheurs, le siège en est à la Maison Mère des Sœurs de Nevers.

VIII

Saint Joseph

Bernadette aimait trop la Sainte Vierge pour ne pas avoir une grande dévotion envers Saint Joseph, ce qui plaît infiniment à la Sainte Vierge. Car Elle apparut une fois à Sainte Thérèse pour lui dire « le grand plaisir » que lui causait cette dévotion et la remercier de mettre son monastère sous la protection de Saint Joseph ; celui-ci était présent, bien en réalité, car Saint Joseph comme la Sainte Vierge, est avec son corps dans le Ciel, ayant été au nombre des ressuscités du Vendredi-Saint, ce à quoi l'Église a toujours cru sans que ce soit un article de foi.

La Sainte Vierge prit les mains de Thérèse entre les siennes et lui promit l'achèvement de son monastère, dont elle s'inquiétait, et sa protection à jamais.

C'est surtout dans la sphère de nos besoins temporels que s'exerce la puissance de Saint Joseph ; selon ce qui était sa mission sur la terre dans la Sainte Famille, mission qu'il continue envers nous, que Jésus-Christ appelle ses frères.

« Dieu, dit Sainte Thérèse, l'a établi son intendant et trésorier général pour nous venir en aide, quels que soient nos besoins ».

Joseph est aussi comme le promoteur de la grande loi du Travail, ainsi que Jésus-Christ ; car le travail de la Sainte Famille n'était point un symbole, un exemple, mais une réalité ; Marie, Jésus, Joseph, gagnaient leur vie à la sueur de leur front. « Dans les premiers temps de l'Église, on montrait les charrues fabriquées par les charpentiers Joseph et Jésus, on se souvenait d'avoir vu celui-ci gravir les pentes escarpées de Nazareth chargé du travail qu'il portait chez ceux qui le leur avait commandé » (1).

La loi du travail est une loi pour tous : travail manuel, travail intellectuel. Rien, ni personne, ne doit rester inutile : l'intelligence, l'éducation, l'influence, ou la force et l'adresse physiques, telles ou telles aptitudes, tout cela doit servir à quelque chose qui a un rôle dans l'œuvre générale de la création, le plus souvent sans que nous le voyions. Dès le Paradis terrestre, Dieu voulut la collaboration de l'homme dans ses œuvres ; Adam et Ève furent chargés du soin des animaux et de cultiver ce beau jardin.

Si nous en croyons le poète Milton, ce serait même sous l'innocent prétexte de redresser un buisson de roses, mais, en réalité, pour faire acte d'indépendance, qu'Ève usant de ruse, s'éloigna de son mari et s'en vint sous l'arbre tentateur… Mais les poètes sont mauvaises langues pour peu que cela favorise leurs rimes, et de ça, nous n'en savons rien du tout !

(1) Abbé MAX CARON. *Joseph, d'après l'Évangile.*

IX

L'histoire de Lourdes faisant suite aux périodes que nous avons relatées, est exposée dans les ouvrages du regretté docteur Boissarie, pendant de longues années président du Bureau des Constatations médicales de Lourdes, mort en 1917, et qui voulut que sur sa tombe fût gravée cette épitaphe : « *Servus Mariæ* » serviteur de Marie (1).

Comme nous l'avons vu, ce fut le curé Peyramale qui fut chargé par la Sainte Vierge de fonder le Pèlerinage de Lourdes ; le Pèlerinage « cette chose magnifique et féconde », rendez-vous donné à la Terre par le Ciel.

Dans l'origine, on venait à Lourdes individuellement, ou avec des parents et amis ; ensuite, on se groupa par paroisses, les fidèles entourant leur Curé, selon la pensée évidente de la Sainte Vierge donnant cet ordre à Bernadette : « Allez dire aux Prêtres que je veux une chapelle... Que je veux qu'on y vienne en procession ». *Aux prêtres*, représentants de l'Église Catholique et nos Chefs de file pour tous Actes du Culte et de la Religion.

L'établissement du chemin de fer favorisa ce mouvement. Le premier des pèlerinages « *organisés* » eut lieu le 23 mai 1863. En 1873, commencèrent les grands pèlerinages nationaux de Notre-Dame du Salut, association fondée par le R. P. Picard,

(1) Depuis que ceci a été écrit, a paru un livre extrêmement intéressant *les Faits de Lourdes*, par le docteur Marchand, continuant ainsi les écrits du docteur Boissarie, auquel il a du reste succédé au Bureau des Constatations. Le vénéré docteur Cox, qui en était le secrétaire depuis de longues années, est mort récemment, laissant un inoubliable souvenir.

assomptionniste, et qui, interrompus par la Grande
Guerre ont repris, toujours sous la direction des
Pères de l'Assomption, et ont lieu au mois d'août
chaque année. Les voyages particuliers, ainsi que les
pèlerinages français et étrangers de provinces, diocèses, groupes, Associations, se succèdent sans inter-
ruption depuis le mois d'avril jusqu'à la Toussaint,
et même l'hiver la Grotte n'est point délaissée et le
service des malades est assuré.

Pendant la Guerre, chaque Évêque de France avait
fait pour lui et son diocèse le vœu solennel d'un pèlerinage à Lourdes ; vœux maintenant accomplis ; ce
qui ne paraît cependant pas diminuer l'affluence toujours croissante des visiteurs et des malades.

Les malades amenés par les pèlerinages, sont reçus
par l'Œuvre de l'Hospitalité de Notre-Dame de
Lourdes, et répartis en trois Établissements : l'Hôpital des Sept-Douleurs, fondation Saint-Fray, tenu
par des Religieuses de ce nom ; l'Hospice civil, qui
porte maintenant le nom d'Hôpital Bernadette, et
l'Asile de Notre-Dame de Lourdes ; ces deux derniers tenus par les Sœurs de Nevers. Les brancardiers, enrôlés au Service de la Sainte Vierge, trans-
portent les malades aux hôpitaux, aux piscines, à la
Grotte, à la Procession du Saint-Sacrement ; au Bureau médical chargé de les examiner et de statuer
sur les guérisons miraculeuses. Le service des piscines est assuré par les Dames de l'Œuvre.

Au commencement, le Bureau médical des Constata-
tations consistait en une maisonnette de bois où le
fondateur de cette clinique des miracles, le saint et
savant docteur baron de Saint-Maclou, se tenait avec
un Prêtre ou une Religieuse, pour accueillir les mira-
culés et inscrire leurs déclarations. Puis, l'Institution

s'est agrandie, le local transformé, et quand le docteur de Saint-Maclou est mort et que le docteur Boissarie lui succéda en 1892, plus de cent cinquante médecins avaient participé aux travaux du Bureau, en ce même été de 1892.

Depuis lors, les guérisons sont l'objet des études les plus sévères; des rapports et du contrôle les plus minutieux et sérieux.

Six cents médecins environ viennent chaque année visiter Lourdes et se renseigner à ce Bureau des Constatations, où tous éclaircissements et explications sont à leur disposition.

Pendant le Pèlerinage National français, soixante à quatre-vingts médecins se tiennent en permanence au Bureau, examinent les malades et rédigent les procès-verbaux. Une protestation contre une campagne demandant la fermeture de Lourdes, a été signée par trois mille médecins.

Les malades apportent chaque année deux ou trois mille certificats qui donnent le témoignage de douze ou quinze mille médecins différents.

Il y a des malades qui ont des certificats préalables de huit à dix médecins constatant leurs maladies ; certains cas de malades guéris miraculeusement à Lourdes avaient été étudiés par plus de cent médecins.

Il y a des médecins croyants; il y en a d'incrédules, qui sont obligés cependant de reconnaître la réalité des faits qu'ils constatent; voici la réflexion de l'un d'eux à propos d'une de ses malades déclarée incurable :

— « Que ce soit le Bon Dieu ou le diable qui l'ait guérie, moi, je n'en sais rien; ce qu'il y a de sûr, c'est qu'elle est guérie! »

Il y a eu des médecins guéris eux-mêmes et convertis.

Chaque année, dans la seconde quinzaine de novembre, le Bureau des Constatations médicales de Lourdes se réunit à Paris pour contrôler les guérisons des pèlerinages de l'été. Il y a là les malades guéris, les médecins qui les ont soignés, etc., etc. Des spécialistes, des célébrités médicales, des médecins des grands hôpitaux; des représentants de journaux de tous pays. Certaines guérisons sont l'objet de longues enquêtes (celle de P. de Rudder, a duré neuf ans).

Le nombre des malades venus à Lourdes en un an, et le nombre de ceux qui y sont guéris est difficile à évaluer; car beaucoup ne se présentent pas au Bureau des Constatations.

Beaucoup de guérisons ne sont donc pas enregistrées et constatées officiellement. « Notre-Seigneur pendant qu'il était sur la terre », a dit le docteur Boissarie, « opérait dans les foules un nombre immense de miracles, et quelques-uns seulement sont relatés par l'Évangile. »

On peut dire, qu'il en est de même pour Lourdes.

Il y a aussi des guérisons qui ne s'effectuent que graduellement et ne sont point mises au nombre des miracles, quoique la science se soit déclarée impuissante à les produire. Le Pape Benoît XIV a interdit de parler des guérisons de névropathes et nevrosés. Puis il y en a beaucoup aussi qui ont lieu au loin, à la suite de l'usage de l'eau transportée.

En Belgique, nombre de sanctuaires sont consacrés à Notre-Dame de Lourdes, où vont l'implorer ceux qui ne peuvent pas venir jusqu'à Lourdes.

A Rome, dans les jardins du Vatican s'élève une reproduction de la Basilique et de la Grotte; Rome, après étude, a proclamé le caractère miraculeux de plu-

sieurs guérisons qui lui furent soumises. « Lourdes »,
disait le pape Pie IX ; c'est le salut, l'espérance ;
Lourdes nous sauvera. »

Un million de personnes par an, visitent les Roches
Massabielle. Il y a environ six cents trains de pèlerinages. Les pèlerinages où il y a des malades amènent leurs médecins. Les malades sont reçus dans les
hôpitaux comme nous l'avons dit, assistés par les
Sœurs et l'Œuvre de l'Hospitalité de Notre-Dame de
Lourdes. Aux piscines, on donne, par an, de soixante
à quatre-vingt mille bains. Certains malades sont seulement lotionnés avec l'eau miraculeuse.

Il se trouve parfois à Lourdes, quarante et cinquante mille pèlerins à la fois.

L'arrivée du « train blanc » avec ses grands malades
constitue un des épisodes les plus saisissants du
Pèlerinage National, dit le docteur Boissarie, qui le
dépeint ainsi :

« C'est la grande ambulance mobilisée mise sur
rails. Tout y est : le fourgon pour la cuisine, la phar-
macie, le compartiment des médecins, des infirmiers ;
les Aumôniers et les Religieuses qui vont d'un wagon
à l'autre porter les consolations et les secours, et surtout une réunion de malades choisis parmi les plus
désespérés. Dans aucune salle d'hôpital vous ne trou-
veriez un pareil choix ou un pareil nombre d'infirmités de tous genres. Le train entre en gare ; les
Petites Sœurs de l'Assomption sont aux portières,
saluent de la main ; les chants retentissent, les wagons
s'ouvrent et vous voyez descendre des poitrinaires
aux yeux ternes, fixes, des cancéreux livides, des car-
diaques à la face bleue, des malades dont le lupus a
détruit une partie du visage ; de pauvres enfants avec
leurs caries, leurs tumeurs blanches, leurs plaies.

« Lorsque ces malades sont étendus sur le quai de la Gare, vous avez sous les yeux un spectacle dont rien ne peut vous donner l'idée. Ces malheureux ont atteint la limite extrême de la souffrance.

« Au delà, c'est la mort. Comment ont-ils pu arriver vivants ? Comment pourront-ils rentrer dans leurs foyers ? C'est par un prodige qui se renouvelle chaque année et qui n'est pas un des moins grands de ceux dont nous sommes ici les témoins.

« A la maladie s'ajoutent les fatigues du voyage. Depuis trois jours cahotés dans la chaleur, dans la puussière, pressés dans les wagons, ne pouvant pour la plupart supporter que très peu de nourriture, à bout de toute résistance, ils soulèvent autour d'eux une profonde pitié.

« Quelques-uns ont perdu tout sentiment, n'ont plus conscience de ce qui se passe autour d'eux. D'autres ont encore la force de réagir, d'ouvrir les yeux, le nom de Lourdes a retenti ! Ils ont touché ce sol depuis si longtemps entrevu, désiré, et les dernières énergies de leur âme se réveillent.

« On sait qu'il y aura des grâces nombreuses et *des consolations plus nombreuses encore;* cette pensée réconforte les plus affaiblis... (1) »

Une constatation a été faite par les impies eux-mêmes, ceux qui conservent quelques vestiges de bonne foi : *ce sont les grâces de « consolation »* remportées de Lourdes par ceux de ces malades qui en reviendront non guéris, et ce n'est pas le moindre des miracles. Au lieu du désespoir qu'on aurait présumé, c'est la résignation parfaite, la joie de la souf-

---

(1) *Lourdes, les Guérisons,* par le Docteur BOISSARIE.

france acceptée, sanctifiée. On voit de ces malades refuser de demander leur guérison pour obtenir celle des autres; l'obtenir en effet par ce sacrifice et en ressentir une reconnaissance infinie.

Les grâces du corps obtenues à Lourdes ne sont que l'image de celles de l'âme, et ces héroïques sentiments ont provoqué des conversions comme la vue des miracles corporels.

X

Nous ne pouvons résister au désir d'indiquer sommairement quelques-uns des miracles dont le récit est fait dans les ouvrages du docteur Boissarie ; nous les prendrons au hasard :

A

Voici le résumé de la page qui se présente la première sous nos yeux :

Joachime Dehout, de Namur, y dicte elle-même à son médecin, le docteur Marique, le récit de sa guérison. Elle était venue à Lourdes, atteinte depuis douze ans d'une large plaie à la jambe, creusée jusqu'aux os et compliquée de gangrène ; soixante tours des linges qui bandaient sa jambe étaient traversés en une heure par le pus qui en découlait, l'odeur en était telle que ses compagnons de route étaient pris de vomissements et que l'employé de la douane, quand le train arriva à la frontière française, ne put se résoudre pour le contrôle à pénétrer dans le wagon. « Avec une pareille infection, le choléra va se mettre dans notre train », disaient les autres pèlerins ; et on tenta de lui persuader de retourner, pensant qu'elle mourrait avant l'arrivée ; elle supplia qu'on la laissât continuer. La nuit qui suivit son arrivée à Lourdes, ses souffrances furent si horribles, qu'elle demanda à être levée à 2 h. 1/2. On lui aida à panser sa jambe, elle en retira des parties osseuses et des morceaux de chair gangrenée : « C'est la dernière fois », dit-elle aux personnes qui l'assistent, « ma jambe sera bientôt guérie. »

Elle veut aller à la Grotte ; il était 4 heures du matin, on la mit sur le chemin, elle était descendue route de Pau : « Vous n'avez qu'à suivre la route », lui dit-on. Elle emportait dans un petit panier un bas, un soulier et une jarretière qu'elle voulait mettre une fois sa jambe guérie.

Il fallait traverser le pont du Gave, une de ses béquilles s'introduit entre deux planches et la malheureuse se trouve immobilisée. Elle entendait le roulement des voitures tout proche ; il faisait encore obscur, si l'une s'était engagée sur le pont, elle aurait été écrasée. Des pas se rapprochent : elle appelle à l'aide, c'était un prêtre qui dégage sa béquille et elle continue son chemin au prix d'inénarrables souffrances.

A la piscine, on refuse de la mettre dans l'eau, en lui disant qu'elle y mourrait. Elle insiste, elle supplie une compatriote, Léonie Dorval qui l'assistait : « Asseyez-moi seulement par terre », dit-elle, « et je m'y traînerai seule. » — Léonie accède à son désir ; elle reste trente minutes dans l'eau, priant tout haut. Mais on n'entend plus sa voix, on la retire, elle est en défaillance et non guérie. Comme on touche sa jambe en lui remettant ses vêtements, la douleur la fait sortir de son évanouissement.

A 9 heures, elle revient à la piscine. Son immersion dure vingt-sept minutes. Les douleurs étaient si atroces qu'elle ne pouvait s'empêcher, dit-elle, de grincer des dents et de se mordre la langue.

Joachime termine ainsi son saisissant récit que nous avons brièvement résumé :

— « Au sortir du bain, Léonie exprime l'eau des linges qui entourent ma plaie, elle presse dans tous les sens, je n'éprouve aucune sensibilité. — Au premier bain, lui dis-je, vous m'avez occasionné une douleur insupportable, tandis que maintenant vous pouvez appuyer sur les bandes sans me faire éprouver aucun mal. — Elle presse plus fort, je ne sens rien. Elle enlève alors les linges qui recouvrent la plaie et s'écrie : Joachime ! Il n'y a plus de plaie, vous êtes guérie !

« Regardant à mon tour je réponds : Vive Notre-Dame de Lourdes ! Voyez comme elle sait bien faire les choses ! Non seulement elle a remis sur ma jambe une peau neuve, mais même elle m'a refait des chairs et un mollet ! »

B

Une guérison qui fit beaucoup d'effet en Belgique, fut celle d'un ouvrier belge, Pierre de Rudder. Le Révérend Père Deschamps, docteur en médecine, a publié une brochure sur son cas, terrible et rare.

Il avait eu la jambe cassée par la chute d'un arbre ; infirme à tout jamais, huit ans après cet accident, non seulement les os n'avaient pu se ressouder, mais une grande plaie en perpétuelle suppuration s'était formée, au fond de laquelle on apercevait les fragments de l'os brisé distants l'un de l'autre de plusieurs centimètres ; certains mouvements faisaient saillir ces os hors de la jambe et de la plaie. Le pauvre homme était inguérissable, tous les moyens essayés par la science ne faisaient qu'ajouter à ses tortures. Son cas si spécial avait attiré l'attention de nombreux médecins et chirurgiens des hôpitaux et autres; on voulait lui couper la jambe, il s'y refusa.

A Oestaker a été élevée une reproduction de la Grotte de Lourdes, Pierre résolut d'y aller implorer la Sainte Vierge. Les difficultés du voyage dans sa situation, paraissaient insurmontables, la distance avec Jabbeke où il habitait, étant assez longue, et surtout à cause de plusieurs transbordements. Il partit cependant, les étapes de ce pénible voyage furent douloureuses. Arrivé au but, Pierre se traîne sur ses béquilles, soutenu par sa femme, et s'assied sur un banc devant la Grotte; sa femme lui donne à boire de l'eau de Lourdes qu'elle avait apportée. Dans leur va et vient, des pèlerins effleuraient sa jambe et lui causaient un redoublement de souffrances.

Il priait, « implorant le pardon de ses péchés depuis sa jeunesse, et demandant sa guérison afin de pouvoir nourrir sa famille. »

Soudainement, un trouble étrange s'empare de lui. Sans se rendre compte de ce qui lui arrive, il se lève sans songer à prendre ses béquilles; il s'élance, traverse les rangs des pèlerins et va s'agenouiller devant la statue de la Sainte Vierge. Là, il revient à lui : « O mon Dieu, s'écrie-t-il, où suis-je? »

Pierre de Rudder était guéri! Accompagné des pèlerins présents, il se rendit avec sa femme au château de la comtesse Alphonse de Courtebonne, où on examina le membre restauré. « *La jambe et le pied qui quelques instants auparavant étaient fort gonflés, avaient repris leur volume normal, l'emplâtre et les bandes qui enveloppaient la jambe étaient tombés d'eux-*

mêmes, les plaies étaient cicatrisées, les os rompus s'étaient subitement rejoints. »

C

Catherine Lapeyre, une pauvre ouvrière de Toulouse, où elle habitait rue Sainte-Anne, 2, seule au monde et gagnant péniblement sa vie ; était atteinte d'un cancer de la langue.

On l'avait admise à un pèlerinage venu à Lourdes, elle avait prié de tout son cœur, s'était plongée dans la piscine, avait bu l'eau miraculeuse, et n'avait éprouvé aucune amélioration.

Reçue à l'Hôtel-Dieu de Toulouse, on fit l'ablation de la tumeur ; mais elle reparut trois ans après, couvrant la moitié de la langue. Catherine ne parlait plus que d'une façon inintelligible, et ne pouvait rien avaler que du liquide à l'aide d'un tube. Elle était dans un état d'épuisement complet, le visage couleur de cire. Malgré cet état défavorable, le Professeur Boutet voulait recommencer l'opération ; la malade s'y refusa et retourna dans son pauvre logis.

C'était au mois de juillet, des malades se faisaient inscrire pour le Pèlerinage National à Lourdes. Catherine sollicite son admission, mais les listes sont complètes. Puis elle est déjà allée à Lourdes sans résultat, son état est désespéré, sans doute que la Sainte Vierge n'a pas voulu la guérir ; pourquoi alors lui donner la place d'une autre pour laquelle les desseins de Dieu ne sont peut-être pas les mêmes ?

Catherine se résigne. Des dames qui la secourent, cherchent à la consoler : — « Vous ferez la neuvaine avec les autres pèlerins, lui disent-elles, nous prierons pour vous, la Sainte Vierge peut vous guérir ici. »

Catherine s'associe à la neuvaine, elle se lave chaque jour avec l'eau de la Grotte.

Et voici que le neuvième jour sa tumeur diminue, disparaît, ainsi que les glandes du cou ; elle parle ! Elle mange ! Elle est délivrée de toute douleur ! En quelques heures cet affreux mal inguérissable a disparu, sans laisser aucune autre trace qu'une cicatrice nette et régulière, prouvant seulement qu'il a existé.

Ce miracle accompli dans le silence et la tristesse d'une pauvre mansarde, loin du pays des prodiges, des chants et des prières enthousiastes qui font violence au Ciel ; accompli en faveur d'une pauvre fille isolée à qui tout espoir humain était interdit et dont Dieu lui-même avait semblé repousser la prière, est un des plus touchants et sublimes.

O Marie ! Ayez ainsi compassion de tous les abandonnés !

D

Tonbridge, maître d'hôtel à Paris, était atteint du mal de Pott, avec des abcès et des plaies qui lui couvraient une partie du corps. Les poumons étaient attaqués et la fin du malheureux semblait prochaine. Transporté mourant à Lourdes, il fut plongé dans la piscine. « Là, il sent comme une flamme qui traverse son corps (1), une force extraordinaire le pénètre ; il se relève, s'habille seul et marche sans appui, Tonbridge était arrivé couché dans le wagon, incapable de faire un mouvement, et il repart, portant son sac et sa couverture, marchant d'un pas ferme et décidé. A sa vue, sa femme s'évanouit, et les personnes qui l'avaient vu partir mourant, et qui le revoyaient libre, bien

____

(1) *Les Guérisons,* par le docteur Boissarie.

portant, couraient après lui dans toute l'avenue de la Reine-Hortense, où il habitait à Paris, pour s'assurer qu'elles n'étaient pas victimes d'une illusion.

Deux des médecins qui avaient soigné Tonbridge et étaient protestants, constatèrent sa guérison et « furent très bons pour lui », selon son expression.

Mais un troisième, fort étonné de cette guérison, l'attribuait à quelque remède inconnu, et pressait vivement Tonbridge de lui faire connaître son secret.

— « Mais c'est la Sainte Vierge qui m'a guéri », répétait celui-ci.

— « Ce n'est pas vrai, répondait le docteur; il n'y a pas de miracles. ce sont des sottises. Avouez qu'on vous a fait prendre quelque médicament, dites-moi lequel ?

— « Vous savez bien que je ne prenais plus aucun remède. C'est la Sainte Vierge qui ma guéri instantanément.

— « Vous êtes un menteur! » s'écria, furieux, l'irascible Esculape, « ce n'est pas possible. Allez vous promener avec votre Sainte Vierge! »

Et il mit Tonbridge à la porte.

E

« Voir des jambes pousser et gagner trois centimètres en une seconde... » dit le docteur Boissarie, relatant la guérison de jeunes filles à qui ce miracle avait été accordé.

Charlotte et Lucie Renaud, appartenant à une pauvre famille de la rue Mouffetard, à Paris, amenées par le Pèlerinage National à une année d'intervalle; virent leur infirmité pareille disparaître dans la piscine. La jambe atrophiée et raccourcie, était devenue instantanément de grosseur et de longueur égales à l'autre.

Or, le docteur Boissarie ajoute : « Il est parfaitement reconnu que ces raccourcissements, liés à des maladies de centres nerveux (comme c'était le cas) héréditaires dans certaines familles, ne guérissent jamais ; que ce travail d'atrophie s'arrête, mais ne se répare pas. »

F

« Les miracles ou les grâces extraordinaires ne s'arrêtent pas uniquement à celui qui en est l'objet », a dit je ne sais plus quel auteur chrétien. Les miracles de Lourdes amènent de fréquentes conversions parmi les témoins qui n'appartiennent pas à notre Sainte Religion, ou ont cessé d'en pratiquer les Commandements.

Une pauvre sainte fille de 69 ans, Benoîte Croizet, surnommée la Bleue, était paralysée et couchée depuis trente-cinq ans. Elle n'avait aucun parent. Elle vivait de la charité d'une famille généreuse de son pays. Son désir de venir à Lourdes était extrême. Un prêtre de sa paroisse, frappé de l'intensité de ce désir, y vit une indication du Ciel, et la Bleue vint à Lourdes, transportée sur un matelas, comme elle y gisait depuis trente-cinq ans.

On la porte à la piscine et de là, à la procession qui a lieu sur l'esplanade, où sont rangés tous les malades sur le passage du Saint-Sacrement. Jésus s'arrête devant chacun d'eux ; la foule émue crie ardemment vers le ciel : — Seigneur ! guérissez nos malades ! — Seigneur si vous voulez, vous pouvez me guérir ! — Hosannah ! Hosannah au fils de David !

Les malades, couchés sur leurs brancards répètent

ces invocations sublimes, tremblants d'espoir et de
Foi ! Et Benoîte Croizet sent comme une force mystérieuse qui surgit en elle ; il lui semble qu'elle pourrait se soulever, s'élancer à la suite de Jésus qui
passe ; elle résiste à cette impulsion. Mais le lendemain, elle la sent plus impérieuse encore lorsque le
Saint-Sacrement arrive à elle. Une dame se trouve
près d'elle, par une inspiration mystérieuse, elle tend
la main à Benoîte et celle-ci la prend et se lève. Elle
n'a pour vêtement qu'un jupon, un fichu ; elle n'a
point de chaussures, inutiles depuis trente-cinq ans.
Mais elle marche quand même ! Toute trace du mal
a disparu, elle se sent pleine de force. Elle suit son
Dieu qui vient de la guérir, et sur son passage d'autres
malades et infirmes se lèvent et se joignent à elle,
également guéris, et ils forment un cortège d'honneur
et de reconnaissance à ce Dieu dont la miséricorde
et la bonté égalent la puissance.

Le récit que nous venons de résumer est dû à un
membre de l'Hospitalité de Lourdes, M. Taberne,
qui le terminait ainsi :

« Un mot pour finir, et il nous est fourni par un
docteur présent : — « Je suis catholique », nous
dit-il, « mais non pratiquant. Eh bien, cette seule
guérison, alors que pourtant j'ai vu tous ces jours-ci
bien des cas extraordinaires et intéressants, me bou-
leverse plus que je ne saurais le dire. Cette paralysée
depuis trente-cinq ans, cette femme qui n'a pas marché depuis trente-cinq ans et qui maintenant marche,
seule, sans appui, sans souliers même, alors que ses
pieds ne se sont pas posés à terre depuis si longtemps,
et qu'ils devraient être d'une sensibilité extrême, ne
permettant pas la marche, tout cela me confond. C'est
fini. Je me rends et je crie : Vive Notre-Dame de

Lourdes, qui opère de telles merveilles pour la conversion de pauvres mécréants comme moi ! »

Une autre fois, c'est une protestante qui dira, en constatant la guérison d'un malade qu'elle avait vu mourant la veille :

— « Il n'y a pas de choses comme cela dans notre Religion, mon mari et moi voulons être catholiques ! »

Beaucoup de guérisons de petits enfants causent la conversion d'un père, indifférent ou mécréant, ou même d'une famille entière ; telle une famille de Belleville, les Benoît, incroyants et ignorants ; les enfants n'étaient pas baptisés, les filles aînées étaient mariées civilement.

Juliette, la troisième des cinq filles, était à peu près aveugle depuis sa petite enfance ; elle avait à peine un an lorsque, se roulant un jour sous la table au moment du repas, elle renversa la soupière, dont le liquide bouillant inonda son visage et brûla les paupières ; depuis, les yeux étaient constamment voilés et baignés dans la suppuration. Pendant les années qui suivirent, la pauvre petite subit sans succès toutes les opérations possibles ; rien n'y fit. L'enfant grandissait, triste et misérable, sans occupation, sans consolation, et ignorant jusqu'à l'existence de Dieu.

Une jeune fille qu'elle rencontrait dans la rue la mena à son Patronage, tenu par des religieuses. Celles-ci s'intéressèrent à elle, elles obtinrent des parents que Juliette serait baptisée, ainsi que ses plus jeunes sœurs. Juliette fit ensuite sa première Communion ; les parents ne s'opposaient pas à ce que les petites filles fréquentassent le Patronage, voyant qu'elles s'y instruisaient et amusaient. Ils ne s'opposèrent point non plus à ce que la petite aveugle fût inscrite pour le pèlerinage de Lourdes. Elle partit par le train blanc, et fut guérie dans la piscine après avoir ressenti une très vive douleur : « Il me semblait, disait-elle, qu'on m'écrasait les yeux avec des pierres ».

Depuis, Juliette travaille à la couture toute la journée, souvent même jusqu'à une heure avancée de la nuit, sans que ses yeux en soient fatigués. Devant le miracle de sa guérison, une transformation complète s'est produite dans sa famille, devenue croyante et chrétienne.

G

« ... Cette guérison, dira le docteur Boissarie en la relatant, est une des plus remarquables que nous ayons constatées. Le cas de cet homme, victime d'un affreux accident, passé presque à l'état de cadavre, et qui se relève plein de santé ; renverse toutes les données de la science... » (1).

Cet homme, c'était Gabriel Gargam, d'Angoulême ; qui, commis ambulant des Postes avait été littéralement *écrasé* dans un accident de chemin de fer. Rien chez ce malheureux n'était demeuré intact, sauf l'intelligence ; il était complètement paralysé, de la ceinture aux pieds, et ne pouvait non plus soulever la tête ; il fallait l'alimenter avec un tube, la gorge étant contractée. La moelle épinière était atteinte, tous les tissus désorganisés. Des plaies survinrent, non seulement l'amaigrisssement était extrême ; mais les muscles des jambes ont disparu ; il ne mesure plus que vingt centimètres de circonférence au niveau des

______

(1) *Les Guérisons de Lourdes.*

mollets ; le malheureux assistait vivant à la décomposition de tout son être.

On lui parla de Lourdes, mais Gargam ne croyait pas. Cependant il se laissa faire et on l'apporta mourant à Lourdes.

On le descend dans la piscine, sur la planche où il est continuellement étendu, car il ne peut supporter aucune flexion. A 4 heures il est couché sur le passage du Saint-Sacrement, donnant à peine signe de vie, on croit qu'il va mourir, on saisit son brancard pour l'emporter, mais trente mille personnes se pressent sur l'esplanade du Rosaire, il serait difficile de passer : « Laissez, dit son infirmier, s'il meurt je lui couvrirai le visage et on ne s'en apercevra pas. »

Mais Gargam revient à lui ! Il essaie de se soulever ! « Aidez-moi », dit-il aux personnes présentes. Il se soulève, il fait quelques pas à la suite du Saint-Sacrement : Il est guéri !

Un journaliste anglais, israélite de religion et correspondant du *Daily Mail*, a envoyé à son journal le récit de ce miracle que nous regrettons de ne pouvoir reproduire en entier comme trop long.

« L'ostensoir d'or étincelait aux rayons d'un soleil ardent, écrivait-il, lorsque des lèvres d'un homme étendu à mes pieds s'échappa un cri inarticulé, et de la bouche d'une femme voisine du brancard, sa mère, une exclamation étouffée par les sanglots : « Sainte Mère de Dieu, je vous remercie... »

Pour bien interpréter cette guérison, ont dit les docteurs, il faut avoir vu ce malheureux sur sa planche. Ce n'est pas un malade qui est guéri, c'est un cadavre qui a passé de la mort à la vie.

Et aussi à la vie de l'âme, ajouterons-nous ; car

Gargam a déclaré que sa foi ne datait que du moment solennel du miracle de sa guérison.

H

D'innombrables tuberculeux ont été guéris à Lourdes, ainsi que des malades de *toutes les maladies existantes, externes comme internes*. Ces dernières frappent moins les témoins que les guérisons de plaies et infirmités apparentes ; lorsqu'on voit par exemple un horrible masque de pus, de croûtes, de sang, sur un visage qui, un instant après, apparaît sain et frais, ou un membre déformé qui se redresse sous vos yeux, un aveugle qui renaît à la lumière.

Mais la merveille n'en est pas moins grande et en dehors de tout pouvoir humain, les cavernés qui se ferment, les poumons qui se trouvent immédiatement reconstitués ! — Irma Montreuil, de Lens, Pas-de-Calais, avait les accidents des derniers jours : le muguet dans la bouche, des plaies et des fistules ; elle gisait inanimée sans souffle et sans voix. Et en l'espace d'une seconde, les plaies étaient cicatrisées, le muguet avait disparu, les poumons à moitié détruits avaient repris leur intégrité première. Irma Montreuil est la mère de huit enfants, dont le dernier est né après la guérison de de sa mère.

— Un médecin belge est subitement guéri de la tuberculose ; — le Père Salvator (Rouelle d'Omfront) franciscain, apporté à Lourdes à la dernière extrémité, tuberculose générale ; — Marie Bailly, péritonite tuberculeuse, « agonisante » est apportée aux piscines suivie d'une personne *portant un drap pour l'ensevelir* ; il n'y avait pas à songer à la baigner, on pratique de légères lotions, elle revient à elle, elle parle : « Je suis guérie », dit-elle.

— « Elle devient folle, reprend l'infirmière qui l'accompagnait.

Non, elle n'était point folle ! et en sortant des piscines, elle s'unit au chant du *Magnificat.*

Mlle Cécile de Franssu, belge qu'on croyait morte, est guérie dans la piscine : « Je me suis levée dans l'eau comme dans un cercueil, enveloppée de mon suaire », disait-elle. Appartenant à une famille très connue en Belgique, tout le pélerinage était en émoi.

« Quand je suis sortie, écrivait-elle, il y avait là une foule incroyable, criant, chantant, pleurant. Il y avait vingt brancardiers pour écarter la foule qui voulait me voir et me toucher, j'ai dû m'enfuir dans l'Eglise car on m'aurait écharpée de joie. Personne n'avait pu croire que je guérirais dans l'état affreux où j'étais. Quant à moi, je demandais sans cesse de mourir le plus vite possible, mais que si le bon Dieu ne voulait pas de moi maintenant, que la Sainte Vierge veuille bien me guérir, pour que je fasse un peu de bien autour de moi et que cela convertisse des incroyants.

« Au moment où j'ai été guérie, il y avait à la Basilique l'abjuration d'un malade protestant à qui on m'avait recommandée, et qui a fait sa première Communion pour moi. »

La guérison de Mlle Carina de Bénével, une jeune Sicilienne, a beaucoup ému aussi. Celle-ci est guérie à la procession du Saint-Sacrement. Malgré les supplications de la sœur garde-malade qui l'accompagnait, elle avait voulu être portée aux piscines, où on lui fit quelques lotions qui amenèrent une légère diminution de souffrances. « Je me fis porter ensuite à la Grotte, écrivait-elle, où je restai dans ma petite voiture jusque vers l'heure de la procession eucharistique. A 4 heures, on me transporta sur la place du Rosaire, et, quand une demi-heure plus tard je reçus la bénédiction de l'ostensoir, je dis à Jésus : Si vous voulez ma vie, je vous la donne sans regret, mais si vous voulez me guérir, il vous suffit d'une parole et je serai guérie. »

« Instantanément je ressentis comme un courant électrique me traverser les veines. Je me jetai à genoux sur ma voiturette même, les bras en croix, je pleurai et remerciai le Seigneur... »

Mlle de Bénével avait eu recours à tous les moyens que la science et la fortune peuvent mettre au service des malades. Quarante-cinq médecins l'avaient soignée, et aucun, « même incroyant », n'a pu contredire le fait de sa guérison miraculeuse.

L'un d'eux donnait le certificat suivant : « Je soussigné, ayant soigné Mlle Carina de Bénével à Luchon, certifie qu'elle a été guérie de tuberculose pulmonaire datant de deux ans, intéressant les deux poumons, avec fièvre continue, amaigrie par des vomissements continus aussi, anémie complète, sueurs profuses, adénites du cou et de l'épaule, tumeur blanche au genou droit, menacée de phtisie galopante, guérie à Lourdes, le 1ᵉʳ septembre 1906, pendant la procession du Très Saint-Sacrement. »

Signé : Dʳ H. RACINE.

Lourdes, le 3 septembre 1906.

I

Mme Marché, une Vendéenne d'origine, était comme Bernadette, bergère en son enfance; dès l'âge de huit ans, elle gardait les troupeaux pour un morceau de pain. Elle ne savait pas lire, à sa première Communion, son curé lui avait dit : « Les livres te sont inutiles, tu réciteras ton Rosaire. »

Toute sa vie elle a récité son Rosaire. On aurait pu dire d'elle ce qu'on a dit de Bernadette, qu'elle promenait sous le Ciel, tout le long du jour la Salutation Angélique, la répétant sans trève, en respirant cet air de primitive foi, dont ce pays est imprégné.

Devenue aveugle à l'âge de quarante-trois ans, et en proie à d'atroces douleurs, elle vient à Lourdes avec le pèlerinage de son pays. Elle ne distinguait ni le jour ni la nuit, son mari la conduisait par la main, le bruit qu'on faisait autour d'elle, habituée à la campagne l'effarait, et le visage de la pauvre femme exprimait l'effroi et la souffrance. Cinq fois on la plongea dans la piscine; son mari et elle communiaient chaque matin, se tenaient sur le passage du Saint-Sacrement. Aucune amélioration ne se produisait. Les autres pèlerins regardaient avec tristesse passer ces pauvres gens. La veille du départ, comme ils rentraient à l'hôpital, un groupe compact interceptait le passage devant le Bureau des Constatations. Mgr Pelgé, évêque de Poitiers en sortait.

— « Allez demander sa bénédiction », dit un prêtre, le curé de Saint-Vincent.

M. et Mme Marché s'approchent et s'agenouillent auprès de leur Evêque qui, reconnaissant la pauvre aveugle, lui parla avec bonté. Puis il lui dit : « Si vous ne guérissez pas, je ne vous remmène pas avec nous ! » Et il la bénit.

A ce moment, un éclair éblouissant passe devant les yeux de l'aveugle et déchire le voile impénétrable qui les recouvrait, elle aperçoit Mgr Pelgé dans un nuage d'or. Un cri s'échappe de ses lèvres :

— « Ah Monseigneur je vous vois ! Je vous vois ! Je suis guérie ! »

Elle lui saisit le bras, elle se relève, on entre au Bureau des Constatations.

— « Je vois !... Je vois !... » répétait la pauvre femme frémissante.

Elle voyait clairement et distinctement autour d'elle et au loin. Elle ne savait pas lire, mais elle comptait les lettres de chaque mot, elle reconnaissait les chiffres, l'heure à la montre, et dehors, très loin, des troupeaux sur la montagne. La Sainte Vierge ne fait pas les choses à demi : la guérison était complète.

Dans le pays mellois, habité alors par Mme Marché, il y a beaucoup de protestants et de catholiques médiocres ou impies. La guérison fit un grand effet, mais malgré les preuves irréfutables, certains s'efforcèrent de la contester.

Cela nous rappelle une solution trouvée par un esprit fort d'un autre pays, au retour d'un autre miraculé de Lourdes dont il voulait expliquer, dans son village, la guérison par des raisons naturelles.

— « Voilà, disait-il, il ne pouvait plus respirer parce qu'il n'avait plus de poumons, mais à Lourdes les médecins lui ont mis des poumons de bois pour les remplacer, et il se porte bien. »

Pas plus malin que ça !

J

M. Charles Auguste a été guéri à Lourdes d'une opacité de la cornée. M. l'abbé Rondin, curé de Nogent-les-Vierges, témoin de cette guérison, en a donné un long et intéressant récit dont nous détachons les faits et détails suivants :

M. Charles Auguste, artiste et compositeur de musique très remarquable, avait alors quarante-huit ans. Aveugle, depuis l'âge de huit mois, sa cécité venait du fait d'une mauvaise nourrice et de gourme dans les yeux. Il resta plusieurs années aux jeunes aveugles où se développa son talent musical ; il y a de ses œuvres qui ont fait le tour du monde sous un autre nom que le sien.

Loin de songer à demander sa guérison à la Sainte Vierge, il s'y refusait, objectant que la Providence, qui l'avait affligé de ce côté, lui avait donné, en échange de la vue, un talent qu'il n'eût point eu sans cela. Dès lors, il lui semblait abusif, « de venir ensuite demander la restitution d'un sens pour le perte duquel il se sentait largement payé. »

Il y a loin de là à l'ingratitude de ceux qui, comblés des bienfaits du Ciel, ne trouvent jamais en avoir reçu assez !

M. Charles ne se décida donc au pèlerinage de Lourdes, que pour ne pas désobliger les personnes qui avaient obtenu son admission, et préparé son voyage. Mais il déclara que seule, cette considération l'ayant déterminé, il ne demanderait pas sa guérison.

Il tint parole ; il pria, communia, assista à la procession du Saint-Sacrement, sans demander la cessation de son infirmité, se laissa laver les yeux à la grotte. Mais le lendemain il refusa de sortir, et resta à l'hôtel où il fit de la musique.

La veille du départ, le soir, quand M. le curé Rondin rentra dans la chambre qu'il partageait avec lui, il était couché et il lui semblait qu'il dormait.

Laissons la parole au Curé lui-même : « Je me mis, dit-il, à réciter mon office, ce qui me conduisit aux abords de minuit. Charles reposait tranquillement. Persuadé qu'il dormait, j'évitai de faire le moindre bruit; comme nous devions nous lever le lendemain de très bonne heure, je résolus, pour éviter une surprise, de ne pas me coucher, et je commençai à lire. Il m'avait été, dans la journée, communiqué des manuscrits très intéressants, je me mis à les lire.

« J'étais absorbé dans ma lecture quand tout à coup j'entends Charles remuer dans son lit, puis se mettre à parler; je crus qu'il rêvait et n'y fis pas attention; ce ne fut même pas sans une réelle impatience que je l'entendis continuer, car ce que je lisais m'intéressait passionnément.

— « Monsieur le Curé, il y a une demi-heure que j'hésite à vous le dire, je ne sais ce qui se passe en moi. »

« J'avais relevé la tête, il continua :

— « Monsieur le Curé, oh! que c'est beau la lumière! » Cette fois je fus convaincu qu'il rêvait et je me replongeai dans ma lecture en lui disant :

— « Oui, oui, mon garçon c'est beau la lumière. » Je croyais l'incident clos. Il continua :

— « Oh la belle lumière! Est-ce que vous avez apporté quelque lampe?

— « Je maugréai tout bas contre lui, que je croyais alors n'être qu'un rêveur importun.

— « Non, ou plutôt oui, si vous voulez, j'ai ajouté
à la lumière de ma bougie, qui m'éclairait insuffi-
samment, celle d'une autre bougie.

« J'espérais qu'après cela, j'allais être tranquille
et pouvoir achever en paix ma très attachante lecture.
Mais j'eus le désappointement d'entendre mon camarade de chambre reprendre la parole. Décidément il
mettait ma patience à l'épreuve.

« Cette fois cependant, je trouvais que le timbre
de sa voix sonnait étrangement. Je laissai mes manuscrits, je me levai en les repoussant légèrement de la
main, alors Charles s'écria :

— « Monsieur le Curé, Monsieur le Curé ! Je vous
vois ! Vous étendez le bras !... Vous vous levez, vous
venez vers moi... Ah quel bonheur, je vois, je vois ! »

« C'était donc vrai, mon compagnon ne rêvait pas.
Ce que j'avais pris pour un rêve de sa part était une
réalité. Le miracle était sous mes yeux. Cette lumière,
qu'il déclarait si belle, c'était la lumière de mes deux
pauvres bougies. Qu'allait-il dire, bientôt, quand il
verrait le plein jour, et cette autre lumière autrement
riche, autrement abondante, que nous verse le soleil ? »

Le lendemain, les jours qui suivirent furent en
effet une suite de ravissements ; le Ciel, les arbres,
les fleurs, les montagnes ! et la pleine et éclatante
lumière ; quelle révélation, quelle ivresse pour celui
qui ne les avait jamais vus !

Mais sans doute que les soirs qui suivirent, le ciel
était voilé, car le Curé ajoute à la fin de son récit,
que le désir passionné de Charles de voir des étoiles,
se réalisa quelques jours après le retour de Lourdes ;
il arriva radieux lui en faire part : il avait vu des

étoiles et en avait compté quatre plus brillantes que les autres. C'était le 8 septembre, fête de la Nativité de la Sainte Vierge. Son beau talent de musicien lui a été conservé ; la Sainte Vierge ne retire point d'une main ce qu'elle donne de l'autre.

K

Il est difficile d'imaginer chose plus impressionnante que la photographie d'Henriette Hauton, âgée de vingt ans, au moment de sa guérison à Lourdes. On peut voir cette photographie au Bureau des Constatations, et elle a été reproduite dans l'ouvrage du docteur Boissarie.

Des vomissements incoercibles, une diarrhée persistante, des hémorragies de l'estomac et des intestins, dont elle souffrait depuis l'âge de dix ans, l'avaient réduite à l'état de squelette, elle pesait 17 kilos tandis qu'à dix ans, elle en pesait quarante. Sa mère la portait dans son tablier.

Henriette Hauton était de Lisieux ; depuis longtemps, son ardent désir était de venir à Lourdes, et on l'avait admise au pèlerinage de Bayeux ; mais au dernier moment on n'osa pas la laisser partir, vu son état de faiblesse. Elle redoubla de prières à la Sainte Vierge, et un léger mieux survenu lui permit de partir avec le pèlerinage de Coutances.

En arrivant à l'hôpital, la malade prit un verre d'eau de la Grotte, et à partir de ce moment les vomissements cessèrent. Dans l'après-midi, à la piscine, on lui fit quelques lotions, et la diarrhée, jusqu'alors continuelle, s'arrêta. Elle put prendre un peu de nourriture et la garda, elle dormit bien pendant la nuit.

Henriette Hauton raconte sa guérison ainsi qu'il suit : « On était au 9 septembre, dit-elle, jour inoubliable. Monseigneur d'Évreux portait le Saint-Sacrement, M. l'abbé Truffaut, curé de Saint-Grégoire de Vièvre, du diocèse d'Évreux, faisait les invocations. Les malades étaient disposés autour de la place du Rosaire, j'étais à gauche, Monseigneur commença à droite. De ce côté je vis se lever, brusquement, une jeune fille de Torigny, une de mes compagnes de voiture ; cette jeune fille s'était trouvée, en allant de la gare à l'hospice des Sept-Douleurs, dans la même voiture que moi, en peu de mots elle m'avait dit sa maladie. Depuis sept ans elle était au lit, ne pouvant marcher. Il fut décidé que nous prierions l'une pour l'autre ; Dieu sans doute eut égard à cette union de prières et de charité et voulut nous guérir ensemble.

« Arrivé près de moi, Jésus me bénit. Je ressentis je ne sais quoi de surnaturel et je m'écriai : « Moi aussi je veux me lever, je suis guérie, que Dieu est bon ! »

Effrayés sans doute par son apparence, les Évêques firent signe de la retenir. Mais elle s'assit, sans aide sur son brancard, elle avait faim ! Sensation depuis si longtemps inconnue. Une infirmière lui donna du chocolat et lui fit boire de l'eau.

Après la procession, on se rendit au Bureau des Constations. L'heureuse miraculée descendit seule de son brancard et se dirigea vers les docteurs. Ceux-ci, qui ne l'avaient pas encore vue, furent un peu troublés en voyant marcher veux eux « un corps sans chair, sans muscles, sans nerfs, sans synovie. »

— Asseyez-vous, lui dit le docteur Boissarie, vous allez vous casser.

— Ce n'est pas seulement un miracle, dit-il aussi, c'est une résurrection.

La Sainte Vierge ne laissa point cette résurrection inachevée. La chair, les muscles, les nerfs se reformèrent : au bout de douze jours, Henriette Hauton était déjà devenue une fille solide, de bonne apparence ; au bout de trois mois elle écrivait : « Je pèse plus de cent livres, à présent, au lieu de trente-cinq ! »

L

Un miracle qui déconcerte l'imagination, c'est la guérison d'une aveugle, Mme Biré, chez qui les organes de la vision étaient détruits, n'existaient plus, et qui recouvra instantanément la vue, en *l'absence de ces organes* qui ne se reconstituèrent que plus tard. Marie Lucas, épouse Biré, était originaire de Sainte-Gemme-la-Plaine (Vendée). Mariée et mère de six enfants, la mort de plusieurs d'entre eux et ses inquiétudes pour les autres, amenèrent chez elle un état de maladie et d'infirmité que le docteur Hibert, de Luçon, certifiait ainsi :

« ... La situation prit un caractère particulièrement grave à la suite d'un vomissement de sang rouge (2 litres). La malade se plaignit de céphalées atroces, lui arrachant des cris déchirants, puis survinrent des vomissements poracés fréquents et très abondants. La malade tomba dans le coma. La perte de connaissance fut complète et dura cinq jours. Enfin, le 25 février, la malade reprit ses sens, ouvrit grands les yeux et s'étonna de toujours être dans l'obscurité. Les reflexes lumineux étaient complètement abolis, la cécité était complète.

« La souffrance et la cécité demeurent les mêmes jusqu'au 5 avril 1908 où Mme Biré recouvra la santé en même temps que la vue, perdue depuis cinq mois à la suite d'accidents ayant déterminé une atrophie papillaire double. »

La pauvre femme veut venir à Lourdes avec le pèlerinage de la Vendée ; sa fille, un vicaire de la paroisse et deux autres personnes viennent avec elle, le docteur transporte lui-même sa malade en auto, de Sainte-Gemme à Luçon. Le voyage est atroce. A l'arrivée elle est conduite à la Grotte et sur le passage de la procession du Saint-Sacrement ; on la ramène à l'hopital quasi mourante, dans la nuit on croit à chaque instant qu'elle va expirer. Le lendemain matin on la conduit encore à la Grotte, elle reçoit la communion, mais elle n'a pas la force de parler, cependant elle égrène sans relâche son chapelet. On la mène aux piscines, mais il y a tellement de monde qu'il faut y renoncer, on la ramène à la Grotte, où étendue dans la voiture au milieu des autres malades elle continue à prier.

« Il est 10 heures 1/4, dit le docteur Boissarie, la dernière messe se termine et on reporte le Saint-Sacrement à l'Église du Rosaire ; au moment où le prêtre passe auprès d'elle, Mme Biré se soulève et dit d'une voix faible : « Ah ! je vois la Sainte Vierge ! » puis elle retombe au fond de sa voiture, évanouie ; un peu de sang coule au coin de ses lèvres. Sa fille à genoux auprès d'elle, croit que sa mère expire et perd elle-même connaissance.

« Mme Biré ne tarde pas à reprendre ses sens, elle revoit dans le creux du rocher, la statue de la Vierge « moins brillante, moins blanche, dit-elle, que la première fois ». Puis son regard tout rempli d'une religieuse surprise s'arrête successivement sur chacun des objets qui l'entourent.

« L'aveugle voit !

« La nouvelle de sa guérison s'étant répandue parmi les pélerins, un grand nombre accourent pour la voir et lui parler. Elle se soustrait de son mieux à ce concours importun jusqu'à l'heure où on l'amène accompagnée de sa fille et de M. l'abbé Girard, vicaire de Sainte-Gemme, au Bureau des Constatations. Ce prêtre remet un certificat du docteur Hibert au directeur du Bureau qui en prend attentivement connaissance. » (1)

De ce certificat et de celui du docteur Lainé éminent oculiste de Rouen, nous extrayons ceci :

Mme Biré est atteinte de cécité résultant d'atrophie blanche du nerf optique, de cause cérébrale. L'examen des yeux à l'ophtalmoscope laisse voir des deux côtés une papille blanche nacrée, dépourvue de toute coloration. Les veines et les artères rejetées sur le côté sont amincies et tout à fait filiformes. Cette affection des plus graves est reconnue par tous les auteurs comme absolument incurable.

Résumons ainsi : les yeux étaient *morts*, perdus à jamais, *ils n'existaient plus, pas plus que s'ils avaient été enlevés de leurs orbites.*

Au Bureau des Constatations où l'aveugle arrive en se disant guérie, on procède de nouveau à l'examen des yeux et le résultat est le même que précédemment : *les yeux sont morts, Mme Biré ne peut pas voir !*

Et cependant elle voit ! elle le prouve, elle désigne par leur nom toutes les choses qu'on lui montre, elle

(1) *Lourdes, les guérisons*, par le Dr BOISSARIE.

lit les plus petits caractères d'écriture ! Et la vision à distance est aussi impeccable !

Le lendemain, Mme Biré, se rend de nouveau au Bureau Médical. Une dizaine de docteurs s'y trouvent ainsi que le Président du Bureau et l'archevêque de Rouen.

Tous étaient très anxieux de procéder de nouveau à l'examen des yeux. On procède à une seconde exploration à l'ophtalmoscope. Le résultat est le même que la première fois, l'œil est toujours mort, irrémédiablement mort ; et la vue est toujours nette et parfaite. Un long interrogatoire commence ; tous les médecins y prennent part ; on presse la miraculée de questions, de raisonnements ; on lui impose toutes les épreuves possibles. Les questions se croisent serrées, les mots scientifiques s'y mêlent auxquels elle ne comprend rien, on ne veut pas, on ne peut pas la croire ! Elle commence à être énervée.

— « Comment pourriez-vous voir et lire « lui dit-on, puisque vous n'avez pas de papilles ! »

— « Eh ! répond-elle, sans doute que la Sainte Vierge m'en a donné, mais que vous ne les voyez pas ! Puis tenez, Messieurs, je ne connais pas tous vos grands mots savants, moi, et je n'ai qu'une chose à vous dire ; c'est que je n'y voyais pas depuis près de six mois, que je ne voyais pas hier matin encore, et que maintenant je vois. »

C'était évident, indiscutable. « Notre aveugle n'avait pas devant elle comme l'aveugle de l'Évangile des pharisiens obstinés », dit le docteur Boissarie.

La santé de Mme Biré était remise comme ses yeux ; son départ de Lourdes fut retardé un peu à la demande des médecins. Pendant cette prolongation de séjour, elle passait son temps en prières à la

Grotte; elle se prêtait à des interrogatoires de plusieurs heures, elle mangeait comme dans son état normal d'autrefois. De retour chez elle, elle reprit le travail de sa maison.

Quelque temps après, trois spécialistes, dont le docteur Rubbrecht, oculiste belge, examinèrent ses yeux; un second miracle avait succédé au premier, l'atrophie papillaire avait disparu, les lésions n'existaient plus, l'œil mort était ressuscité!

Un autre docteur, le docteur Mairiaux, oculiste de l'hôpital de Jumet (Belgique), a pris sur le cas de Mme Biré, des notes établissant ceci :

« ...Le nerf optique est un organe particulièrement délicat, et lorsqu'il a été aussi gravement atteint, il ne se reconstitue pas et sa destruction est définitive, il ne peut exister aucun doute sur ce point.

« ...Le retour de la vision d'une façon instantanée, la reconstruction du nerf optique sclérosé, sont des faits absolument inexplicables au point de vue clinique... inexplicables au dehors d'une influence surnaturelle (1). »

Concluons à notre tour.

— Mme Biré a donc été miraculeusement guérie de la maladie qui avait causé la perte de ses yeux, et de l'affection des yeux elle-même.

Mais en plus, elle a été l'objet d'un miracle plus merveilleux encore, ayant recouvré la vue, avant la guérison et la reconstitution des organes de la vue.

C'est tellement étrange, oserai-je dire, que je voudrais voir le fait commenté par ceux qui ont mission de nous instruire et guider dans les choses divines.

Dieu ne fait rien sans raison. Le miracle si spécial

____

(1) Relaté par le docteur Boissarie.

dont cette femme fut favorisée, me semble une réponse directe à une objection qu'on entend souvent faire à ceux qui nient certaines vérités de la Foi.

— « Comment, disent-ils, pourrait-on croire qu'en Enfer on souffre dans son corps, puisque les morts n'ont plus de corps ?

« Comment, peut-on prétendre que les Élus du Ciel nous voient, puisqu'ils n'ont plus les organes de la vision ? Comment admettre qu'ils jouissent des beautés ineffables et des délices qu'on prétend être leur partage, puisqu'ils n'ont plus leur corps, instrument nécessaire à la vie des sens ? »

Mais nous l'avons déjà dit. Tous les enseignements se trouvent en la divine histoire de Notre-Dame de Lourdes. Par le miraculeux prodige que nous venons de relater, elle a répondu. Croyons humblement, sans raisonner, ce qui dépasse notre entendement et affermissons notre Foi, rien n'est impossible à Dieu.

M

Je terminerai ce rapide exposé des miracles, par le récit d'un fait que la discrétion avait empêché au moment de propager dans le public, mais qui peut l'être maintenant, vu le long temps écoulé.

Je le tiens d'une chère et sainte vieille amie, l'une des principales fondatrices de l'Hospitalité de Lourdes, la vicomtesse de Pouÿ, dont le nom y sera à jamais béni. Née protestante, elle attribuait sa conversion et son mariage avec un catholique, à Notre-Dame de Lourdes, dont elle avait entendu parler et qui l'intéressait passionnément, et toute sa longue vie ensuite fut consacrée à Lourdes.

Un jour, on y annonça l'arrivée d'une malheureuse dont voici la terrifiante histoire : ancienne religieuse, l'orgueil et l'ambition l'avait amenée à conclure avec le démon un pacte d'après lequel celui-ci lui promettait les honneurs et la fortune en échange de son âme.

Je ne sais plus si la fortune vint, mais ce qui lui arriva sûrement, ce fut un mal affreux qui lui couvrait le visage et tout le corps ; et auquel on donna le nom de lèpre, ne sachant lequel lui attribuer, ce mal étant d'une nature et d'une horreur inconnues aux médecins de son temps. Cette femme était en plus torturée moralement par Satan, qui lui apparaissait fréquemment et le désespoir de l'enfer habitait déjà son âme.

Elle refusait de se prêter aux exorcismes de l'Église, mais elle désirait venir à Lourdes, ayant entendu parler des guérisons extraordinaires qui y étaient opérées ; et quelques personnes charitables organisèrent son voyage.

« Lorsqu'elle arriva aux piscines, on se rendit compte, disait Mme de Pouy, que Satan l'accompagnait. » La frayeur saisit toutes les dames préposées à ce charitable service et elles s'enfuirent en suppliant Mme de Pouy d'abandonner aussi son poste !

Celle-ci s'y refusa. Mais quand elle se vit seule avec la possédée, elle se mit à trembler de tous ses membres. Se recommandant à Dieu, elle engagea la conversation avec elle, et l'invita à entrer dans l'eau.

— « A quoi bon ? répondit-elle, il me dit en ce moment que la Sainte Vierge ne peut rien pour mon cas. Il est là sur le bord de la baignoire, il me défend d'y entrer. »

Troublée, Mme de Pouy demanda, sans savoir pourquoi :

— Comment est-il habillé ?

— Comme tout le monde ! Aujourd'hui il a un habit gris et un chapeau.

— Ah ! Et il vous dit que la Sainte Vierge ne peut rien pour vous ?

— Oui.

— Eh bien, nous allons voir ! Faites le signe de la Croix.

— Et saisissant le bras en lambeaux de la malheureuse, elle la força à tracer sur elle le signe sacré.

— Le voyez-vous encore ?

— Non, il est parti.

— Entrez dans l'eau ! La Sainte Vierge va vous délivrer et vous guérir !

La possédée du démon se plongea dans l'eau de la Sainte Vierge, et les hideux stigmates du démon disparurent, de par la vertu divine de cette eau.

Au dehors, les hospitalières, les brancardiers, le public attendaient dans une véritable angoisse. Quand la courageuse Mme de Pouÿ parut, tenant par la main la pécheresse renovée et transfigurée, ce fut une émotion indescriptible, tous tombèrent à genoux.

Cette femme retourna dans son pays et se confina dans une petite masure isolée où elle vécut et mourut comme les pénitentes des anciens âges, en ne cessant de pleurer ses péchés.

CANTIQUES DES PÈLERINS
DE NOTRE-DAME DE LOURDES

Ave, ave, ave Maria,
Ave, ave, ave Maria.

1. L'heure était venue,
Où l'airain sacré
De sa voix connue
Annonçait l'*Ave*
     Ave, ave Maria,
     Ave, ave Maria.

2. D'une main discrète
L'ange la prenant
Conduit Bernadette
Au bord du torrent. *Ave..*

3. Un souffle qui passe
Avertit l'enfant
Qu'une heure de grâce
Sonne en ce moment. *Ave..*

4. Sur Massabielle
Son œil vit soudain
L'éclat qui révèle
L'astre du matin.

5. C'est un doux visage
Rayonnant d'amour
Qu'entoure un nuage
Plus beau que le jour.

6. Son regard s'inspire
D'un reflet divin
Mais un doux sourire
Dit : Ne craignez rien.

7. Elle a la parure
D'un lys immortel
Elle a pour ceinture
Un ruban du Ciel.

8. On voit une rose
Sur ses pieds bénis
Fraîchement éclose
Dans le Paradis.

9. On voit un rosaire
Glisser de sa main
Et de la prière
Tracer le chemin.

10. L'âme palpitante
Le cœur enivré
L'heureuse voyante
Redisait l'*Ave.*

11. L'extase s'achève
Le monde revient
L'enfant se relève
Disant à demain.

12. Avant chaque aurore
     Son cœur en éveil.
     Par soupirs implore
     L'heure du réveil.

13. Mère de la Terre
     Ne défendez pas
     D'aller voir la Mère
     Qui paraît là-bas.

14. Elle était si belle !
     Je veux la revoir
     Que désire-t-elle
     Je veux le savoir.

15. Colombe fidèle
     Elle prend l'essor
     Vole à tire d'aile
     Au nouveau Thabor.

16. O dame chérie !
     Que demandez-vous ?
     Parlez je vous prie
     Et dites-le nous.

17. Avec vos compagnes
     Venez, quinze fois
     Près de ces montagnes
     Écouter ma voix.

18. Enfant généreuse
     Je vous le promets
     De vous rendre heureuse
     Au ciel pour jamais.

19. Si vous êtes bonne
     Le monde est méchant
     Il ne me pardonne
     De vous voir souvent.

20. Le savant s'offense
     De votre bonté
     Je n'ai pour défense
     Que la vérité.

21. Près de la voyante
     Au lever du jour
     La foule croyante
     Se rend tour à tour.

22. La pauvre bergère
     Comme un séraphin
     Du ciel à la terre
     Franchit le chemin.

23. La voilà ravie
     Dans cette beauté
     Que le temps envie
     A l'Éternité.

24. De son blanc visage
     Les traits allongés
     Vers la Sainte Image
     Semblent emportés.

25. Pendant la prière
     Brille sur son front
     La pure lumière
     De la vision.

26. Le peuple fidèle
     Admire à genoux
     De l'aube éternelle
     Le reflet si doux.

27. « Qu'avez-vous, Madame?»
     Murmure l'enfant :
     « D'où vient que votre âme
     « Est triste à présent?

28. « Que faudra-t-il faire
    « Pour tarir vos pleurs ?
    « — Prier, dit la Mère
    « Pour tous les pécheurs ».

29. Je veux qu'ici même
    En procession
    Le peuple qui m'aime
    Invoque mon nom.

30. Que d'une chapelle
    Le marbre béni
    Aux anges rappelle
    Mon séjour ici.

31. O profond mystère
    D'un profond amour
    Faut-il qu'une mère
    Trahisse à son tour.

32. Deux fois Bernadette
    Vient aux lieux aimés
    Deux fois sur sa tête
    Les cieux sont fermés.

33. O Dame clémente
    Ne savez-vous pas
    Qu'à votre voyante
    On livre un combat ?

34. Enfant, prends courage
    Et bannis l'effroi
    Il faut que l'orage
    Éprouve ta Foi.

35. « Elle m'est rendue
    Elle reparaît
    Je goûte à sa vue
    Un nouvel attrait ».

36. Vision chérie
    Source de douceurs
    Mettez je vous prie
    Comble à vos faveurs.

37. On demande un gage
    A votre bonté
    Rendez témoignage
    A la vérité.

38. Que sur cette épine
    Et sous votre pied
    Une fleur divine
    Pousse à l'églantier.

39. Par un doux sourire
    Écoutant ses vœux
    Elle semblait dire
    Je donnerai mieux.

40. La fleur éphémère
    Se dessèche et meurt
    Le cœur d'une mère
    N'est point cette fleur.

41. *A cette fontaine*
    Allez maintenant
    L'eau dont elle est pleine
    Voilà mon présent.

42. L'enfant prend sa course
    Vers l'eau du torrent
    Un signe à la Source
    Ramène l'enfant.

43. Ses doigts, de la terre
    Déchirent le sein
    D'humide poussière
    Elle emplit sa main.

44. Fontaine de vie
Qui peut désormais
De ton eau bénie
Compter les bienfaits ?

45. Et vous dont la terre
Admire le don
Céleste étrangère
Quel est votre nom ?

46. A votre servante
Qui prie à genoux
A votre voyante
Le cacherez-vous ?

47. Au cœur de la Mère
Quatre fois l'enfant
D'une humble prière
Fait monter l'accent.

48. Paraît cette fête
Où de Gabriel
L'Église répète
L'*Ave* solennel.

49. La beauté rayonne
D'un nouveau reflet
La Vierge abandonne
Son dernier secret.

50. A sa bien-aimée
L'Apparition
De l'Immaculée
Prononce le nom.

52. Sainte Messagère
Remontez aux Cieux
Et de notre terre
Portez-y les vœux !

53. Vous vouliez du monde
Et de tous côtés

Il vient, il abonde,
Il est à vos pieds.

53. Salut, ô vallée
O trône d'amour
Où l'Immaculée
A pris son séjour.

54. Avec son image
Avec ses bienfaits
Ta grotte sauvage
N'est plus sans attraits.

55. La fontaine y coule
Sans jamais tarir
Ainsi vient la foule
Sans jamais finir.

56. Pieux sanctuaire
Tu les vis présents
De la France entière
Les nobles enfants.

57. La voûte sacrée
Depuis ce grand jour
De chaque contrée
A vu le retour.

58. Du trône de grâce
On sait le chemin
Le pèlerin passe
Et passe sans fin.

59. Heureux qui voyage
En ces lieux bénis
On y prend passage
Pour le Paradis.

60. Astre salutaire
Que votre rayon
Nous mène à la terre
De la vision.
 Ave, ave, ave Maria,
 Ave, ave, ave Maria.

TABLE DES MATIÈRES
ET SOMMAIRE DES CHAPITRES

                                                                    Pages.

Avertissement...   1

Avant-Propos. Aux enfants de France ....   3.

CHAPITRE Ier

Bernadette. — La famille Soubirous. — Le « Cachot ».
— Bernadette bergère à Bartrès. — Efficacité de la
prière. — Un conte de fées.................................   5

CHAPITRE II

Les moutons au dos vert. — Le père Laguès Arravant.
— Les leçons de la mère Laguës-Arravant. — Bernadette revient chez ses parents à Lourdes..............   15

CHAPITRE III

Première Apparition, 11 Février 1858. — Une dame
merveilleuse apparaît à Bernadette à la Grotte de Massabielle. — Bernadette ignore que cette dame est la
Sainte Vierge..   18

CHAPITRE IV

La mère de Bernadette ne croit pas à l'Apparition. —
Elle défend à sa fille de retourner à la Grotte. — Combien la dame était belle. — Comment elle était ha-
billée...   26

CHAPITRE V

Les fleurs et fruits du Paradis. — Persécutions contre
les premiers chrétiens. — Sainte Dorothée martyre. —
Les obsèques de la Sainte Vierge. — Le vieux cheval
blanc de saint Colomba. — La petite mule du président Frémyot. — Les perce-neige de Sœur Thérèse de
l'Enfant-Jésus...   29

Pages

Chapitre VI

Deuxième Apparition. Dimanche 14 février. — Bernadette avait obtenu de retourner à la Grotte. — Elle jette de l'eau bénite à la Sainte Vierge qui sourit de ses méfiances. — Les parents de Bernadette ne croient toujours pas à la réalité de ces apparitions, tout en reconnaissant qu'elle n'a jamais menti................ 38

Chapitre VII

Troisième Apparition. Jeudi 8 février. — La Sainte Vierge parle à Bernadette. — Elle lui promet de la rendre heureuse, non sur la terre mais dans le Ciel.... 44

Chapitre VIII

Les égards de la Sainte Vierge envers une petite pauvresse — Grande leçon pour nous tous.............. 49

Chapitre IX

Quatrième Apparition. Vendredi 19 février. — Tapage des démons — La Sainte Vierge les met en fuite. — Les parents de Bernadette commencent à croire leur fille................ 52

Chapitre X

Elisée, Jeanne d'Arc, secourus par des armées invisibles. — Sainte Marguerite-Marie gardant les ânes; qui est-ce qui vient l'y aider. — La Sainte Vierge fait l'ouvrage d'une Sœur converse Carmélite. — Les bœufs blancs de saint Isidore. — L'ange et son luth. — Les saints, les morts, invisibles mais présents au milieu de nous................ 56

Chapitre XI

Cinquième Apparition. Samedi 20 février. — La Sainte Vierge apprend à Bernadette une prière.............. 66

Chapitre XII

Sixième Apparition. Dimanche 21 février. — Le docteur Dozous. — Priez pour les pécheurs, dit la Vierge. — Complot du diable et des méchants — Bernadette comparaît devant la police................ 68

Chapitre XIII

Menaces et colère du Commissaire de police. — Si Bernadette retourne à la Grotte, il la mettra en prison. — Son père lui défend d'y retourner................ 72

Pages

Chapitre XIV

Chagrin de Bernadette. — Tout le monde se moque d'elle et l'appelle folle et menteuse. — Une force inconnue entraîne Bernadette à la Grotte. — Devant ce prodige, ses parents l'autorisent à y retourner................ 75

Chapitre XV

Septième Apparition Mardi 23 février. — La Sainte Vierge ordonne à Bernadette d'aller dire aux prêtres de lui bâtir une chapelle en ce lieu. — M. le Curé de Lourdes ne croit pas Bernadette.................. 81

Chapitre XVI

Huitième Apparition. Mercredi 24 février. — Pénitence ! Pénitence ! dit la Dame. — Elle ordonne à Bernadette de monter au fond de la Grotte............... 87

Chapitre XVII

Neuvième Apparition. Jeudi 25 février. — Pourquoi la Sainte Vierge avait donné cet ordre. — Elle dit à Bernadette d'aller boire et se laver à la fontaine. — Il n'y a pas de fontaine. — Bernadette creuse avec ses mains le sol desséché et une source surgit................ 89

Chapitre XVIII

La source ainsi jaillie sous les doigts de l'enfant opère des miracles et guérit des maladies inguérissables.... 95

Chapitre XIX

Dixième Apparition. Vendredi 26 février. — La Sainte Vierge dit à Bernadette de baiser la terre pour les pécheurs ; cette pratique est restée en usage à Lourdes. 99

Chapitre XX

Onzième, Douzième Treizième Apparition, les 27, 28 février et le 1er mars. — Les miracles continuent en grand nombre.................................... 100

Chapitre XXI

Quatorzième Apparition, 2 mars. — La Sainte Vierge renouvelle son ordre pour les prêtres de lui bâtir une chapelle — Elle ajoute : Je veux qu'on y vienne en procession. — Cette fois, M. le Curé croit Bernadette....... 101

Chapitre XXII

Quinzième Apparition, 4 mars. — Précautions policières et militaires. — Troisième ordre de la Sainte

Pages

Vierge de lui bâtir une chapelle. — Comme les autres
dernières fois, Elle dit à Bernadette de boire et se laver
à la fontaine.. 102

CHAPITRE XXIII

Guérison ou résurrection d'un petit enfant à l'agonie,
qu'on croyait mort. — Sa mère l'a plongé dans l'eau
glacée de la fontaine miraculeuse...................... 105

CHAPITRE XXIV

Seizième Apparition Jeudi 25 mars. — La Dame dit
son nom, qu'on ignorait encore, c'était bien la Sainte
Vierge comme on le croyait : « Je suis, dit-elle, l'Immaculée Conception. »...................................... 113

CHAPITRE XXV

Paroles entendues par exception durant une extase de
Bernadette. — La signification de cette exception et de
ces paroles.. 118

CHAPITRE XXVI

Dix-septième Apparition. 7 avril. — Miracle du cierge. 121

CHAPITRE XXVII

Guérisons opérées au loin par l'eau de la Grotte trans-
portée. — Les carriers. — Fureur de la Préfecture, la
Magistrature, la Police. — Obligation de l'aumône. —
Le Denier de la Veuve................................... 124

CHAPITRE XXVIII

Persécution contre Bernadette et sa famille. — Le Procureur. — La tabatière. — La salade.................... 131

CHAPITRE XXIX

Comparaisons. — Saint François de Sales ému aux larmes
et grandement édifié de la charité des pigeons et de
la discrétion des petits oiseaux. — L'opinion de saint
Thomas d'Aquin... 135

CHAPITRE XXX

M. le Préfet devenait enragé. — Il veut faire enfermer
Bernadette comme folle, ne parvenant pas à l'empri-
sonner comme criminelle. 138

CHAPITRE XXXI

Le Préfet ordonne d'interner Bernadette et de dépouiller
la Grotte des cierges, fleurs et ex-voto qu'on y déposait. 142

Pages

Chapitre XXXII

Le commissaire de police, M. Jacomet en grande tenue. La charrette. — Spoliation de la Grotte. — Le Commissaire a peur. — Punition et miséricorde.............. 146

Chapitre XXXIII

M. le Curé défend Bernadette, et empêche son arrestation. — Colère du Préfet des Hautes-Pyrénées. 153

Chapitre XXXIV

Par ordre du Préfet, le Maire interdit les abords et l'entrée de la Grotte et défend de prendre de l'eau miraculeuse, sous prétexte qu'elle peut nuire à la santé...... 159

Chapitre XXXV

On poursuit et on condamne sévèrement ceux qui vont prier à la Grotte ou demandent l'autorisation d'y aller. — Des malades y sont portés secrètement. — Des gens courageux traversent le Gave à la nage, la nuit, pour s'y rendre... 163

Chapitre XXXVI

Première Communion de Bernadette. — Des foules de plus en plus considérables viennent à Lourdes. — Beaucoup d'étrangers bravent les procès. — Le clergé calme les colères des carriers. — Les trois bonnes femmes du Procureur. — Le Gardien trop bavard. — Les femmes de Lourdes en Justice de Paix....................... 167

Chapitre XXXVII

Dix-huitième Apparition. Vendredi 16 juillet. — Fête de Notre-Dame du Mont-Carmel, Bernadette sent en son cœur qu'elle va revoir la Sainte Vierge. — Elle se rend sur l'autre rive du Gave, les abords de la Grotte étant interdits. — La Sainte Vierge lui apparaît pour la dix-huitième et dernière fois......................... 176

Chapitre XXXVIII

L'Amirale Bruat, gouvernante du Prince Impérial. — L'émoi de Callet. — Louis Veuillot. — On cesse les procès-verbaux et poursuites............................... 178

Pages

Chapitre XXXIX

Mgr Laurence, évêque de Tarbes, nomme une Commission ecclésiastique pour examiner les événements de Lourdes. — Analyse de l'eau de la Grotte, elle est naturelle et inoffensive. — Mauvaise foi des pouvoirs publics. — Mensonges, calomnies. - Spiritisme. — Les macaroni de Mme Rossini. — Pourquoi certaines gens ne veulent pas croire aux miracles...................... 181

Chapitre XL

Ordre de l'Empereur de rouvrir la Grotte. — Le Préfet résiste. — Il est contraint de céder. — Joie de la population. — Le Préfet et les autres persécuteurs sont renvoyés du pays.............................. 191

Chapitre XLI

La Commission d'enquête. — Sa composition. — Ses travaux. — Bernadette comparaît. — Six ans après. — La gloire de Lourdes et la gloire de Bernadette. - La vie humble et pauvre de Bernadette...................... 194

Chapitre XLII

Le mal de notre époque. — Les Égyptiens. — Pour que les vaches soient bien gardées......................... 201

Chapitre XLIII

Construction de l'Église ordonnée par la Sainte Vierge. — Reconnaissance solennelle des Apparitions et inauguration de la Grotte, pose de la statue. — Cérémonie splendide. — Maladies de Bernadette et du Curé Peyramale. 203

Chapitre XLIV

La souffrance et le sacrifice président à toute Œuvre féconde. — Bernadette à l'hospice de Lourdes. — L'accident de la Supérieure. — Bernadette servante et postulante chez les Sœurs de Nevers.................. 208

Chapitre XLV

Bernadette à la Maison Mère de Nevers. — Son arrivée. Ses épreuves. — Ses travaux. — Son noviciat. — Elle se nomme désormais Sœur Marie-Bernard. — Fréquentes maladies. — Inaltérable gaîté et bonne humeur. — Elle se soustrait aux visites et ovations. - L'enthousiasme de la grosse dame. — Bien faire ce qu'on a à faire sans s'occuper de ce qu'on ferait ailleurs où on n'a que faire. — Mort du Curé de Lourdes 213

Pages

Chapitre XLVI

L'abbé Peyramale. — Son caractère. — Sa première prédication. — Le cheval et la selle. — Les souliers du mendiant. — La vieille soutane, le chapeau. — Le presbytère hanté. — Une arrestation sensationnelle. — Au clair de lune avec les loups. — Le Gouvernement de M. le Curé. — Les déceptions de Minet — Le repos du dimanche. — Epreuves. — Maladie. — Heures dernières. — Le tombeau. — Quel avait été le message de la Sainte Vierge au Curé de Lourdes.................. 223

Chapitre XLVII

Vœux perpétuels de Sœur Marie-Bernard. — Son état s'aggrave. — L'Extrême Onction pour la guérison des malades. — L'heure de la mort approche. — Grandes souffrances et grande patience. — Obligation des grâces reçues.. 244

Chapitre XLVIII

Mort de Bernadette. — Tentative du démon pendant son agonie. — Dernières paroles. — Dernier soupir....... 248

Chapitre XLIX

Émotion dans le pays. — Les obsèques. — Exhumation. Conservation parfaite du corps..................... 255

Chapitre L

Le Pape Pie X a conféré à Bernadette le titre de Vénérable. — Pourquoi Bernadette est une sainte. — La mission patriotique et divine de la jeunesse française. 257

APPENDICE

Pages

I. — Bref de Sa Sainteté Pie X à Henri Lasserre....... 261

II. — Bref de Sa Sainteté Pie X à Henri Lasserre, en latin. 263

III. — Guérison miraculeuse d'Henri Lasserre par l'eau de Notre-Dame de Lourdes....................... 264

IV. — Un miracle.................................... 264

Pages

V. — Ordonnance de Mgr l'Évêque de Tarbes constitutive d'une Commission d'enquête pour examiner les faits de Lourdes.. 265

VI. — Mandement de Mgr l'Évêque de Tarbes portant jugement sur l'Apparition qui a eu lieu à la Grotte de Lourdes.. 271

VII. — 283

VIII. — Saint Joseph. — Sa mission. — Sa puissance. — Loi du travail pour tous............................ 283

IX. — Suite de l'Histoire de Lourdes. — Organisation. — Bureau des Constatations. — Les médecins. — Les malades. — Les pèlerinages. — Le train blanc. — Les miracles.. 285

IX. — Résumé de quelques-uns des miracles cités dans les ouvrages du Docteur Boissarie, président du Bureau Médical de Lourdes.................................. 291

a). Joachime Dehout 291

b). Pierre de Rudder................................. 293

c). Catherine Lapeyre 295

d). Tonbridge....................................... 296

e). Charlotte et Lucie Renaud....................... 297

f). Benoîte Crozet 298

g). Gabriel Gargam.................................. 301

h). Irma Montreuil. — Le Père Salvator. (Rouelle d'Omfront). — Marie Bailly. — Cécile de Franssu. — Carina de Bénével.................................. 303

i). Mme Marché..................................... 306

j). Charles Auguste................................. 308

k). Henriette Hauton................................ 311

l). Mme Biré....................................... 313

m). Un fait qui n'a point encore été relaté.......... 318

Cantique des pèlerins de Notre-Dame de Lourdes pendant les processions ordonnées par la Sainte Vierge elle-même.. 321